Rachel Pollack

Young TAROT

Rachel Pollack

Young TAROT

Spiegel deiner Möglichkeiten
für die spannendsten Jahre des Lebens

Aus dem Amerikanischen übersetzt
von Karin Weingart

Integral

Rubi Siblo-Landsman gewidmet

Die amerikanische Originalausgabe erschien 2005
unter dem Titel »Seeker: The Tarot Unveiled«
im Verlag Llewellyn Publications, St. Paul, MN 55164,
USA (www.llewellyn.com).

Umwelthinweis:
Dieses Buch wurde auf chlor- und säurefreiem Papier gedruckt.

Integral Verlag
Integral ist ein Verlag der Verlagsgruppe Random House GmbH.

ISBN-10: 3-7787-9161-3
ISBN-13: 978-3-7787-9161-5

1. Auflage 2006

Einbandgestaltung: HildenDesign, München
Einbandillustration: © by Ananda Kurt Pilz /
Agentur Walter Holl, Aachen
Layout und Satz: Gabriele Kutscha
Druck und Bindung: Westermann Druck, Zwickau

INHALT

DER NARR

VI
DIE LIEBENDEN

XIX
DIE SONNE

VORWORT

ES LIEGT IN DEN KARTEN

Weißt du eigentlich, was das Beste ist, was einem passieren kann? Wenn man etwas findet, was einem so richtig Spaß macht, und es dann auch tut. Ich zum Beispiel habe schon immer gewusst, dass ich schreiben wollte, was mir auf der Highschool und im College einen großen Vorteil gegenüber vielen meiner Freundinnen und Freunde verschaffte, die nicht die geringste Ahnung hatten, was sie mit ihrem Leben anfangen sollten. Trotzdem musste ich natürlich einen Job annehmen, schließlich verdienen Schriftsteller ja nicht die Welt, und was ist, wenn man nicht einmal einen Verleger findet? Also wurde ich nach dem College erst einmal »Produktionsplanerin« bei IBM, was in etwa so spannend war, wie es sich anhört. Später erschwatzte ich mir dann in einem Kaff namens Plattsburgh eine Englisch-Dozentur an der State University of New York. Nun ist Plattsburgh vielleicht nicht der kälteste Ort der Welt, im Februar fühlt es sich aber ganz danach an. (Einmal zeigte die Quecksilbersäule morgens um neun in der prallen Sonne minus achtunddreißig Grad.) Linda, eine Kollegin von mir, fuhr nicht Auto, und obwohl sie nur einen zehnminütigen Fußweg vom Campus entfernt wohnte, waren das ungefähr neuneinhalb Minuten mehr, als sie bereit war, sich im Freien aufzuhalten. Also schlug sie mir eines Tages vor: »Fahr mich zu Hause vorbei, und ich lege dir dafür die Karten.«

Zu der Zeit wusste ich von Tarot nur, dass ihn T.S. Eliot in seinem Versepos *The Waste Land* (dt.: »Das wüste Land«) erwähnte. Heute finden sich in den meisten Buchläden und Geschenkeshops Tarotkarten aller Art. Damals aber waren sie noch eine Seltenheit. Meine Neugier war daher so groß, dass ich Lindas Angebot ohne zu zögern annahm.

Diese Geschichte habe ich vor gar nicht langer Zeit einmal in einem Seminar erzählt, und dabei fiel mir auf, dass ich an meine erste Tarotsitzung keinerlei

Erinnerung mehr habe. An keine einzige Karte, keine Interpretation. Was ich allerdings noch ganz genau weiß, ist, dass ich mich sofort in die Karten verliebt habe, in ihre Farbigkeit und die geheimnisvollen Szenen, die mir wie Momentaufnahmen aus einem mir unbekannten, sehr alten Film vorkamen. Toll fand ich auch das dazugehörige Buch mit Erläuterungen, die irgendwie genauso geheimnisvoll wirkten wie die Bilder selbst und eigentlich weniger etwas erklärten, als dass sie einen in die Geschichte hineinzogen, die die Karten erzählten. Also begab ich mich auf die Suche nach einem eigenen Tarotspiel. In einem seltsamen Lädchen im französischsprachigen Montreal wurde ich schließlich fündig.

Sowie ich mir alles besorgt hatte, also Karten und Buch, fing ich an, meinen Freundinnen und Freunden die Karten zu legen. Was da plötzlich alles für Geheimnisse zum Vorschein kamen! Ich kann es bis heute kaum fassen. Eines aber war merkwürdig: Viel spannender als das, was die Karten verrieten, fand ich eigentlich das Abenteuer, mit ihnen zu spielen und tiefer in die Geschichten einzudringen. Ich bin heute noch fest davon überzeugt, dass einem die Fragen und Probleme anderer Leute teilweise als willkommener Vorwand dienen, sich mit den Karten zu beschäftigen.

Einmal hat mich eine Freundin übers Wochenende in ihr Strandhäuschen eingeladen. Wir waren noch nicht richtig angekommen, da teilte sie mir schon mit, dass ich ihr Tarot beibringen sollte. Die nächsten beiden Tage verbrachten wir dann auf unseren Badelaken und legten uns die Karten, wenn wir gerade nicht in den Wellen tobten. Nach dem Wochenende dachte ich mir: Hey, auf diesem Gebiet hast du ja richtig was zu bieten.

Und weißt du, was wirklich das Allerallerbeste ist, was einem passieren kann? Wenn man etwas findet, was einem wahnsinnig Spaß macht, und dann auch noch dafür bezahlt wird. Seinerzeit lebte ich in Holland, genauer gesagt in Amsterdam. Nun ist Amsterdam zwar eine der tollsten Städte der Welt, für Amerikaner gibt es dort aber nicht besonders viel Jobs. Da ich dachte, ich könnte vielleicht Englisch unterrichten, besorgte ich mir die entsprechenden Bewerbungsunterlagen. Als ich aber dabei war, die Formulare auszufüllen, wurde mir plötzlich klar, dass ich eigentlich überhaupt keine Lust darauf hatte. Also nahm ich am nächsten Tag meinen ganzen Mut zusammen und klingelte an der

Eingangstür eines höchst imposanten Gebäudes mit dem Namen »Kosmos Meditation Center«. Als mir jemand öffnete, fragte ich: »Welche Formalitäten muss ich erfüllen, um einen Tarotkurs abhalten zu können?«

Ich bekam einen Termin beim Programmausschuss. Dort erläuterte ich meine Vorstellungen und wurde probeweise gebeten, einem der weiblichen Mitglieder die Karten zu legen. Sie sprachen von viel Traurigkeit und großem Kummer. Und obwohl ich kein gutes Gefühl dabei hatte, mich in Anwesenheit der anderen darüber zu äußern, erzählte ich der Frau, was ich sah. Als ich fertig war, herrschte minutenlang Schweigen. Schließlich fragte mich der Vorsitzende des Ausschusses, wann ich anfangen wolle. Monate später erfuhr ich, dass er sich gerade von der Frau getrennt hatte, der ich die Karten gelegt hatte. Er war schuld an ihrem Kummer!

Ich unterrichtete zweieinhalb Jahre lang. Aus den Erfahrungen, die ich dabei sammelte, entstand mein erstes Buch, *Tarot. 78 Stufen der Weishei*t. Seither halte ich in der ganzen Welt Kurse ab, in den Vereinigten Staaten, in Europa und Australien, habe eine Hand voll Bücher über die Karten geschrieben, sogar selbst welche entworfen und gezeichnet, *The Shining Tribe Tarot*, und dabei unheimlich viel gelernt: über Symbole und Geschichten, Mysterien und spirituelle Traditionen, vor allem aber über Menschen.

Willkommen in der Welt des Tarots. Ich hoffe, sie gefällt dir genauso gut wie mir.

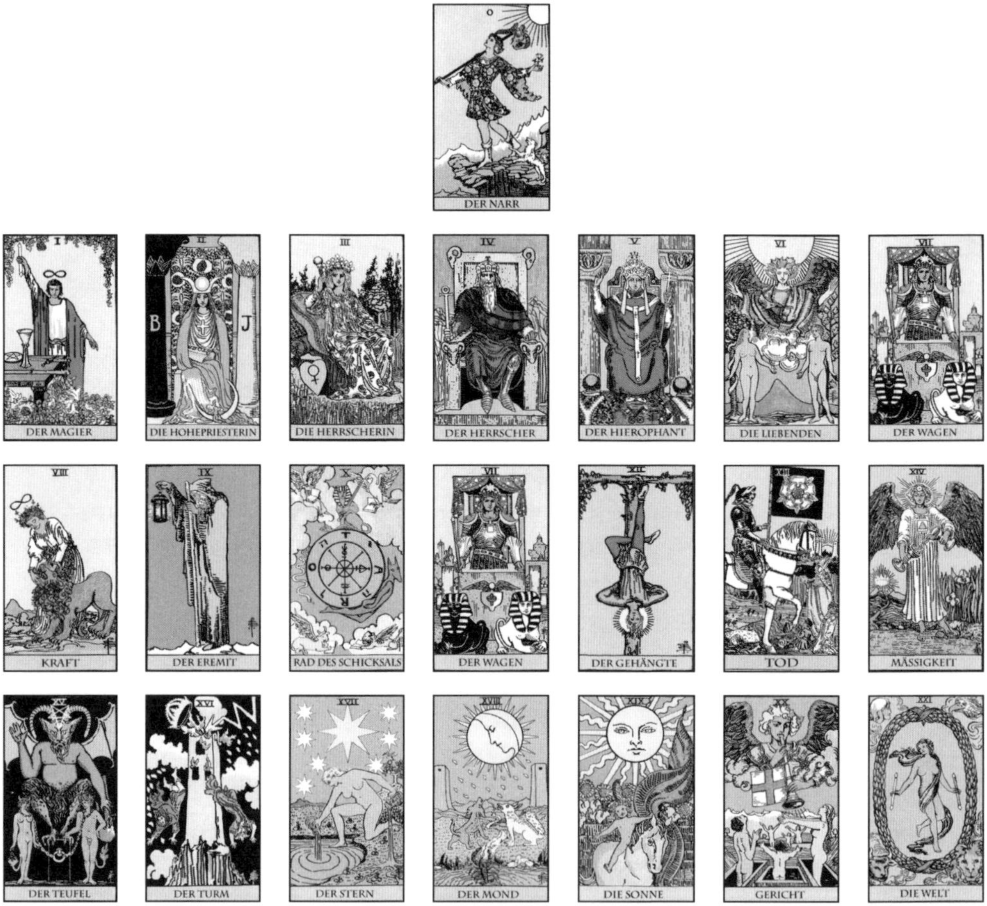

Die Reise des Narren, die Großen Arkana, in Siebenergruppen ausgelegt

WAS IST TAROT?

Das ist doch eigentlich eine ganz einfache Frage, oder nicht? Mysteriös mag ja sein, was man mit den Karten anstellt, aber worum es sich dabei handelt, weiß doch jeder. Stimmt's? Na ja, der Tarot und seine vielen Anwendungsmöglichkeiten bilden ein ganzes Panorama, wie ein großes Gemälde mit vielen Szenen.

Fangen wir mit den Grundlagen an. Die 78 Karten des Tarots unterteilen sich in zwei Gruppen. Die Erste enthält vier Sätze beziehungsweise Farben, die sich nicht von den Spielkarten unterscheiden, die wir für Rommee, Poker oder zum Patiencenlegen verwenden. Die Farben heißen Stäbe, Kelche, Schwerter und Münzen. Früher hatten die normalen Spielkarten übrigens dieselben Namen. Unter anderem in Spanien ist das auch heute noch so, aber in Amerika und den meisten anderen Ländern hat es Veränderungen gegeben. Aus den Stäben ist die Farbe Kreuz geworden, aus den Kelchen Herz, die Schwerter wurden zu Pik und die Münzen zu Karo. Rudimentär spiegeln sich die ursprünglichen Bedeutungen auch in den heutigen Spielkarten noch wider. Die Kelche beispielsweise gelten als Farbe der Liebe und der Romantik, was erklärt, wieso daraus Herz wurde.

Wie bei den üblichen Spielkarten hat auch im Tarot jede Farbe zehn Augenkarten, Ass bis Zehn, sowie eine Reihe von Bild- beziehungsweise Hofkarten, hier allerdings statt Bube, Dame und König Bube, Ritter, Königin und König. Hinzugekommen ist also der Ritter.

Die vier Farben bilden die »Kleinen Arkana«. Arkana bedeutet »Geheimnisse«. Man könnte also sagen, dass diese 56 Karten eine ganze Bibliothek voller Mysterien darstellen. Im Unterschied zu den anderen nennt man sie »klein«, was aber nicht zu bedeuten hat, dass sie langweilig oder unwichtig wären. Im Gegenteil. Aufgrund ihrer Vielfalt könnte man sogar die These aufstellen, dass im Grunde eigentlich sie es sind, die den Tarot ausmachen.

Wie du dir jetzt vielleicht schon denken kannst, wird der Rest als Große Arkana bezeichnet. Dabei handelt es sich um 22 Karten, von denen jede eine Zahl und einen Eigennamen hat. Am Anfang steht die Karte mit der Nummer 0, der Narr, am Ende Die Welt mit der Nummer 21. Man nennt diese Karten auch »Trümpfe«, eine Bezeichnung, die dir vielleicht schon von anderen Kartenspielen her geläufig ist, bei denen die Trumpfkarten in der Regel eine besondere Bedeutung haben. Die Karten der Großen Arkana sind geheimnisvoller, symbolischer und bedeutungsträchtiger als die der Kleinen. In ihnen kommen die großen Ideen des Tarots zum Ausdruck. Sie enthalten unsere gesamte Lebensgeschichte, erzählen, wer wir sind, woher wir kommen und sogar, warum wir auf der Welt sind.

Diese Karten machen den Tarot so einzigartig, denn Vergleichbares gibt es in keinem anderen Kartenspiel der Welt. Daher konzentrieren sich auch die meisten der Hunderte von Büchern ganz auf die Großen Arkana. (Aber keine Sorge, in diesem widmen wir jeder einzelnen Karte die Aufmerksamkeit, die sie verdient.) Und buchstäblich Tausende verschiedener Tarotspiele gehen auf den Wunsch der Gestalter zurück, diesen 22 Trümpfen, die so klangvolle Namen haben wie Der Magier, Der Gehängte oder Der Stern, einen persönlichen Stempel aufzudrücken.

Die Ursprünge

Nun wissen wir also, was Tarot ist, und möchten jetzt natürlich auch etwas über seine Herkunft erfahren. Wenn du dir einmal die Mühe machst, einige der Hundertschaften von Büchern, die darüber geschrieben wurden, durchzublättern, wirst du feststellen, dass die Bandbreite von Geschichten und Behauptungen über die Ursprünge des Tarots enorm ist. Manche Autoren meinen, die Anfänge seien in den Geheimlehren des alten Ägypten zu suchen. Einige behaupten sogar, Thoth selbst, der ägyptische Gott der Weisheit, des Schreibens und der Magie, habe den Tarot erschaffen, um die Menschen in seine großen Mysterien einzuweihen. In anderen Büchern heißt es dagegen, im Jahr 1200 sei im marokkanischen Fez eine Gruppe weiser Hexenmeister zusammengekommen, um ihre Lehren in Form eines magischen Kartenspiels zu verschlüsseln. Häufig wird auch die Auffassung vertreten, Tarot sei das Werk von Hexen, die im Mittelalter gezwungen waren, ihre Heilkünste zu verschleiern. Wieder andere sind der Überzeugung, Tarot komme ursprünglich aus Indien oder entstamme der Kabbala, einer mystischen jüdischen Tradition (von der du vielleicht im Zusammenhang mit Madonna oder anderen Rock- und Filmstars schon einmal gehört hast). Nicht zuletzt behaupten manche Leute natürlich auch, beim Tarot handele es sich um eine Erfindung der Zigeuner.

Was wir wissen, ist Folgendes: In Europa gibt es Spielkarten seit etwa sechshundert Jahren. Sie wurden vermutlich von Kreuzfahrern oder Reisenden aus Nordafrika mitgebracht und zunächst vor allem für Glücksspiele verwendet. Zu Beginn des 15. Jahrhunderts galten sie als der Hit schlechthin.

Und dann kam irgendwo in Norditalien jemand auf die Idee, ein Spiel zu entwickeln, das kunstvoller, fantastischer, eleganter und gewagter sein sollte als alles, was man bisher kannte. Statt sich nun aber einfach eine neue Farbe oder irgendeine andere kleinere Veränderung auszudenken, erschuf diese Person ein ganzes Ensemble neuer Bilder, von denen jedes eine eindringliche Geschichte erzählte. Das Spiel hieß ursprünglich Tarocchi und ist in Italien, Spanien, Nordafrika, besonders aber in Frankreich, wo es Les Tarots genannt wurde, auch heute noch bekannt.

Soll das nun etwa heißen, Tarot sei »nur« ein Spiel und habe gar keine tiefere Bedeutung? Machen wir uns etwas vor, wenn wir ihn für etwas Besonderes halten? Keineswegs. Um die Stärken des Tarots begreifen zu können, muss man einiges über das frühe 15. Jahrhundert wissen. Es war eine Epoche großer Veränderungen und Auseinandersetzungen, eine Zeit, in der eine Ära zu Ende ging und eine neue begann. Die Menschen meldeten ihre Zweifel an Autoritäten an und probierten neue Ideen aus. Es war eine Zeit voller Erfindungen, aber auch eine Zeit der Gewalt und des Fanatismus, eine Zeit von Rebellion und großem Wissensdrang. Kommt dir das vielleicht irgendwie bekannt vor?

Einige der »neuen« Ideen des 15. Jahrhunderts waren im Grunde uralt. (Das ist heute nicht viel anders, denk nur an die traditionellen Heilmethoden, auf die wir uns heute wieder besinnen.) So wurden zum Beispiel die Wunderwerke der alten Griechen wiederentdeckt und, ja, auch die des alten Ägypten. Fasziniert von den Hieroglyphen, Statuen, geheimnisvollen Schriften und seltsamen Zeichen kam man auf den Gedanken, die Bilder und Symbole könnten doch eine Art Sprache darstellen, die einen großen Schatz an Weisheiten enthielt. Daher war es also ganz natürlich, dass sich die Künstler symbolischer beziehungsweise allegorischer Bilder bedienten, als sie die 22 Motive des Tarots erschufen. Ein bärtiger alter Mann mit einer Sanduhr in der Hand, Tote, die von der Trompete eines Engels wieder zum Leben erweckt werden, niedliche Kinder, ein heiterer junger Mann, der mit dem Kopf nach unten an einem Kreuz hängt – dieser Art waren die Bilder, die auf den ersten Tarotkarten zu sehen sind, die wir kennen; sie stammen etwa aus dem Jahr 1450.

Zu jener Zeit waren derartige Motive weit verbreitet, man fand sie selbst in Kirchen. Einige der Bilder und Symbole deuten jedoch auf etwas Tiefgründigeres hin, vielleicht sogar auf eine Geheimtradition. Meine persönliche Lieblingsinterpretation ist die folgende: Fast zweihundert Jahre vor der Entstehung des Tarots initiierte eine Frau mit dem schönen Namen Wilhelma von Böhmen eine religiöse Massenbewegung. Teilweise inspiriert vom Volkszorn angesichts der Tatsache, dass den Frauen die Priesterweihe vorenthalten wurde (kommt dir das vielleicht auch bekannt vor?), predigte Wilhelma, im Jahr 1300 würde Jesus Christus auf die Erde zurückkehren, um eine neue Weltordnung zu etablieren, in der Frauen Päpstinnen sein könnten. Da Wilhelma selbst vor diesem bedeutsamen Datum starb, erkor die Bewegung eine Frau namens Manfreda Visconti zu ihrem ersten weiblichen Papst. Nun, als das Jahr 1300 gekommen war, machten die kirchlichen Autoritäten sehr deutlich, wer den Hut aufhatte, und dass sich daran auch nichts ändern würde. Man verbrannte Manfreda auf dem Scheiterhaufen.

Der Eremit (Visconti Tarot)

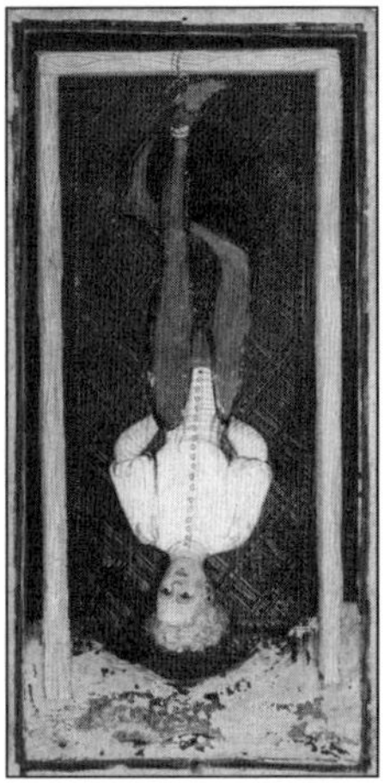

Der Gehängte (Visconti Tarot)

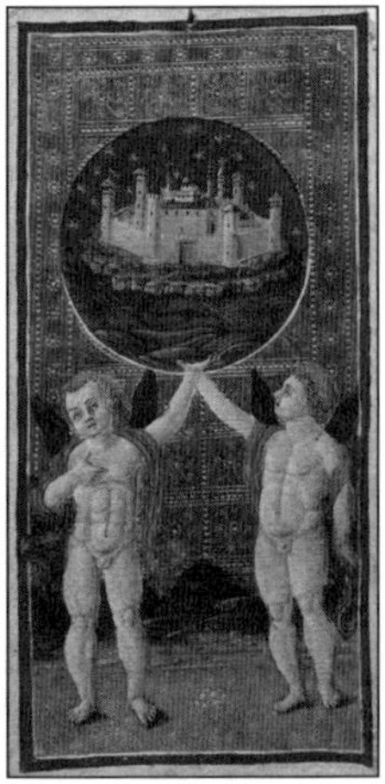

Die Welt (Visconti Tarot)

Was das alles mit Tarot zu tun hat? Gemalt wie ein Hochzeitsgeschenk anlässlich der ehelichen Verbindung zweier adeliger Familien entstand hundertfünfzig Jahre nach Manfredas Tod jenes erste bekannte Tarotspiel, das ich gerade erwähnt habe. Eine der beteiligten Familien trug den Namen Visconti. Es handelte sich dabei um Nachfahren jener Frau, die unter der Knute einer Kirche starb, die von Päpstinnen absolut nichts wissen wollte. Allem Anschein nach hat die Familie Visconti gleich mehrere Tarotblätter in Auftrag gegeben, von denen (nur oder immerhin) zwei erhalten geblieben sind. In beiden gibt es eine Karte, die eine als Äbtissin gekleidete Frau mit der Tiara, der Krone des Papstes, auf dem Kopf zeigt. (Sie trägt den Namen »Die Päpstin«.)

Und noch etwas. Wie du dich erinnern wirst, haben wir bereits kurz angedeutet, dass manche Leute behaupten, der Tarot entstamme einer mystischen jüdischen Tradition, die als Kabbala bekannt ist. Diese Interpretation ist von allen »esoterischen« (d.h. geheimen) Ideen über den Tarot die plausibelste. Sie bezieht sich zu einem Gutteil darauf, dass die Kabbala auf den 22 Buchstaben des hebräischen Alphabets beruht und die Großen Arkana aus 22 Trumpfkarten bestehen. Da man diesen Zusammenhang jedoch erst vor gut zweihundert Jahren aufdeckte, halten ihn viele für reinen Zufall und weisen darauf hin, dass die Christen noch Jahrzehnte nach dem Auftauchen der ersten Tarotspiele nichts von der Kabbala wussten. Und damit wäre die Frage doch wohl geklärt, oder? Na ja, vielleicht, abgesehen davon, dass unsere Freunde, die Viscontis, an ihrem eleganten Hof unter anderem auch einen jüdischen Astrologen beschäftigten. Und die jüdische Astrologie (doch, doch, so etwas gibt es) beinhaltet immer auch das intensive Studium der Kabbala.

Die Hohepriesterin (Visconti Tarot)

Soll das nun etwa heißen, du könntest nicht anfangen, mit dem Tarot zu arbeiten (oder auch zu spielen), ohne dass du dich vorher mit der Kabbala, anderen alten Weisheiten oder vielleicht sogar mit Wilhelma von Böhmen auseinander gesetzt hast? Natürlich nicht. Es gibt fantastische Bücher über die kabbalistischen Traditionen im Tarot, und viele Leute, die sich schon lange mit den Karten beschäftigen, fangen auch irgendwann einmal an, in diese wunderbare Welt des Symbolismus einzutauchen. Es besteht aber keinerlei Notwendigkeit, irgendwelche Lehren zu pauken, um die Karten legen zu können. Denn alle Ideen und Traditionen kann man getrost beiseite lassen. Die Bilder, schön und geheimnisvoll, wie sie sind, bleiben davon völlig unberührt. Sie sind wie Türen zu einer anderen Welt, laden uns ein, mit ihnen zu spielen und ihre Bedeutung zu erkunden.

Einige häufig (oder auch nur gelegentlich) gestellte Fragen

Muss ich meine Tarotkarten geschenkt bekommen?

Kurz und bündig: nein. Es wäre vielleicht ganz lustig, wenn mitten in einer stürmischen Nacht ein geheimnisvolles altes Weiblein mit einem bunten Kopftuch daherkäme, uns mit den Worten »Die sind für dich, nutze sie weise« ein in rote Seide gewickeltes Kartenspiel aushändigen und dann wieder in der Dunkelheit verschwinden würde. Passieren wird dir das allerdings kaum. (Obwohl: Man soll ja bekanntlich nie nie sagen.) Falls aber doch: Was, wenn dir die Karten, die dir die Alte schenkt, nicht gefallen? (Stell dir bloß vor: Du knüpfst mit zitternden Händen den Knoten des Seidentuchs auf und brüllst wie am Spieß: »Aber die doch nicht! Die hab' ich nicht gewollt! Ich meinte die rosa-gelben, die meine Freundin hat. Hey, Lady, hallo?«

Tarotkarten sucht man sich am besten in einem Laden aus, der eine große Auswahl anbietet und möglichst ein Ansichtsexemplar von jeder Sorte vorrätig hat. (Außen auf der Verpackung sind aber auch meistens zwei oder drei Karten abgebildet.) Schau dir die verschiedenen Spiele an, nimm sie in die Hand und achte darauf, welches dich am meisten anspricht. Denn wenn dir die Zeichnungen nicht zusagen, wirst du auch wenig Lust haben, die Karten zu benutzen.

Und noch etwas: Du musst nicht gleich beim ersten Mal die richtigen erwischen. Angenommen, du machst dich mit den Karten vertraut und fängst an, mit ihnen zu arbeiten, und dann stellt sich heraus, dass sie irgendwie keinen Sinn ergeben (sie sind vielleicht ganz hübsch, aber ohne größere Bedeutung oder stecken so voller Symbole, dass dir ganz schwindlig wird), dann solltest du unbedingt noch einmal in das Geschäft gehen, in dem du die Karten gekauft hast, und dir andere aussuchen. Genauso gut kann es aber auch sein, dass du gleich mit deinen ersten Karten rundum zufrieden bist und dich trotzdem entschließt, noch andere zu kaufen, vielleicht weil sie dich optisch ansprechen oder weil deine Freundin auch so welche hat oder weil du gern noch einen anderen Einblick hättest ... oder einfach nur so. Manche Tarot-Freaks werden richtig gehende Sammler. Ich zum Beispiel habe an die vierhundert. (Doch, doch, du hast völlig richtig gelesen.) Benutzen tue ich nicht mehr als fünf, sechs, aber es macht mir einen Riesenspaß, sie alle zu betrachten und die unglaubliche Vielfalt an Karten zu bewundern, die im Laufe der Zeit entstanden sind.

Muss ich sie unbedingt in Seidenstoff einwickeln oder in einer Holzschatulle aufbewahren?

Das wird von manchen Leuten empfohlen, um die Karten vor den »Schwingungen« anderer Leute zu schützen. Und natürlich ist es keine schlechte Idee, sie in einen schönen Seidenschal einzuwickeln oder in einem geschnitzten, hübsch bemalten Holzkästchen aufzubewahren. Erforderlich ist es aber nicht. Manche arbeiten über Jahre mit den Karten und lassen sie die ganze Zeit über in der Originalschachtel. Sieh einfach zu, dass die Karten für dich ganz persönlich etwas Besonderes sind.

Was muss ich mit den Karten tun, bevor ich sie benutzen kann?

»Müssen« musst du gar nichts, bevor du mit den Karten arbeitest. Viele aber laden sie vorher auf oder weihen sie ein. So könntest du zum Beispiel ein bisschen Weihrauch oder Salbei anzünden und die Karten (kurz!) durch den Rauch ziehen. Wenn du mit Heilsteinen arbeitest, könntest du einen Kreis daraus bilden und die Karten 24 Stunden lang darin liegen lassen, bevor du sie zum ersten Mal mischst. Eventuell hast du auch Lust, deinen spirituellen Führer zu bitten, dass er deine Deutungen mit Weisheit versieht. Manche Leute wickeln ihre Karten in Seide ein und legen sie für drei Nächte unter ihr Kopfkissen. Aber, wie gesagt, eigentlich nötig ist nichts dergleichen. Als ich mit dem Tarot anfing, hatte ich von all diesen Dingen noch nie etwas gehört; also habe ich einfach die Pappschachtel aufgemacht, ein Buch mit Erläuterungen zur Hand genommen und losgelegt.

Was passiert, wenn jemand anders meine Karten anfasst?

Manche Tarot-Freaks wollen partout nicht, dass andere Leute ihre Karten berühren. Das hat natürlich zur Folge, dass sie bei jeder Sitzung selbst mischen müssen. Die meisten Kartenlegerinnen und -leger, ich auch, lassen jedoch lieber denjenigen mischen, der die Fragen stellt. Um allerdings zu verhindern, dass Energien von einem Menschen auf den anderen übertragen werden, mische ich die Karten vor und nach jeder Sitzung.

Kann ich mir auch selbst die Karten legen?

Dafür gibt es keine festen Regeln. Meine Kollegin Mary K. Greer hat unter dem Titel *Tarot For Yourself* sogar ein ganzes Buch darüber geschrieben. Es gibt auch Leute, die sich ausschließlich selbst die Karten legen. Anderen wiederum fällt die Interpretation schwer, wenn sie die Fragen stellen. Eine Möglichkeit wäre es, sich mit einem Freund oder einer Freundin, der/die selbst die Karten legt, zusammenzutun und sich abzuwechseln.

Muss ich mir die Bedeutung aller Karten erst genau einprägen, bevor ich anfangen kann?

Nein. Wenn das nötig wäre, gäbe es bestimmt sehr viel weniger Kartenleger und Kartenlegerinnen. Am meisten lernst du, wenn du einfach anfängst. So bekommst du nämlich am ehesten mit, welche Bedeutung die Karten im realen Leben haben. Als ich mit Tarot anfing, habe ich mir außer den Karten auch noch ein Buch mit Erläuterungen gekauft und bin ständig zwischen den Karten und dem Buch hin und her gesprungen. Je öfter du die Karten legst, desto schneller kannst du sie auch identifizieren. Manche werden dir schon bald wie richtige Freunde vorkommen und nicht mehr nur wie symbolträchtige Bilder. Das braucht aber seine Zeit. Mach dir also keinen Kopf, wenn du beim ersten Mal das Gefühl hast, nicht gleich alles auf die Reihe zu bekommen. Vielleicht bist du aber auch von der Genauigkeit und dem Tiefgang deiner ersten Deutungen überrascht. Ansonsten ist es mit dem Tarot aber wie mit allen anderen Dingen auch. Was dir am Anfang schwer vorkommt, wird mit der Zeit ganz leicht und geläufig.

Was ist mit »umgekehrt« gemeint?

Wenn du die Karten so mischst, dass einige davon auf dem Kopf stehen, kann das zum Beispiel so aussehen:

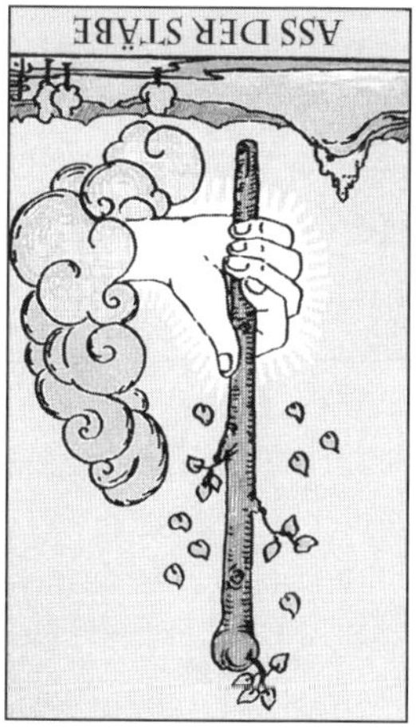

Wenn es dir lieber ist, kannst du die Karten so mischen, dass alle richtig herum sind. Und alle, die auf dem Kopf stehen, dürftest du auch einfach umdrehen. Traditionell jedoch weist man Karten, die verkehrt herum liegen, eine veränderte Bedeutung zu. Die Grundeigenschaften beziehungsweise Energien der Karte sind in diesem Fall blockiert (manchmal werden sie allerdings auch befreit), sie verändern oder verlagern sich. So kann sie genau das Gegenteil bedeuten. Der Eremit zum Beispiel steht für Alleinsein. Umgekehrt hat er die Bedeutung, dass man mehr Zeit mit anderen Menschen verbringt. Wenn eine Karte umgekehrt ist, kann das auch eine Aufforderung sein, über etwas Bestimmtes noch einmal neu nachzudenken. Der Narr etwa steht richtig herum dafür, ein Risiko einzugehen oder seinen Impulsen zu folgen. Umgekehrt kann er eine Mahnung darstellen, mit Vorsicht an einen Plan oder einen Wunsch heranzugehen. Weil die umgekehrte Bedeutung manchmal etwas kompliziert ist, gebe ich für jede Karte extra ein paar Möglichkeiten an.

Wenn du die umgekehrte Bedeutung in deine Interpretation einbeziehst (sie findet sich in den abschließenden ein, zwei Abschnitten der Beschreibung der jeweiligen Karte), solltest du schauen, inwiefern sie von der ursprünglichen abweicht. Die anderen Karten, aber auch deine persönliche Gesamteinschätzung werden dir helfen herauszufinden, welche Interpretation die richtige ist. (Wenn du dich intensiver mit diesem Thema beschäftigen willst: Von Mary K. Greer gibt es ein ganzes Buch darüber, *The Complete Book of Tarot Reversals*.)

Können die Karten tatsächlich die Zukunft vorhersagen?

Allmählich kommen wir zu den großen Fragen. Es hängt ganz davon ab, was wir unter »die Zukunft vorhersagen« verstehen. Wenn du davon ausgehst, dass dir die Karten in allen Einzelheiten enthüllen, was geschehen wird, also etwa wen du heiraten wirst oder welchen Job du nach der Uni bekommst, wirst du höchstwahrscheinlich enttäuscht werden. Gewisse medial veranlagte Menschen behaupten, dergleichen vorhersagen zu können, eine Kartenlegerin aber würde es nicht einmal versuchen.

Worum geht es dann beim Tarot?

Der Tarot verschafft uns eine Möglichkeit, einen Blick auf uns selbst und die Ereignisse in unserem Leben zu werfen. Wen du heiraten wirst und wann, verraten dir die Karten zwar nicht, sie helfen dir aber zu erkennen, welche Beziehungen für dich überhaupt infrage kommen; und wenn du schon eine hast, können sie dir einen guten Eindruck davon vermitteln, was du da eigentlich tust und worauf das Ganze hinausläuft. Außerdem können sie dich dabei unterstützen, die richtigen Entscheidungen zu treffen. Ein Beispiel. Angenommen, es gibt zwei Menschen in deinem Leben und du willst dich für einen entscheiden. Dann kannst du dir die Karten legen, um dir sowohl über deine eigenen Gefühle klar zu werden als auch über die der beiden anderen Beteiligten. Was du tun sollst, weißt du damit immer noch nicht. Du wirst aber dabei unterstützt, darüber nachzudenken und eine Entscheidung zu treffen.

Und noch etwas: Der Tarot trifft nicht nur Aussagen. Da er mit Bildern arbeitet, was äußerst wirkungsvoll ist, gibt er uns auch konkrete Hilfsmittel an die Hand, mit denen wir echte Veränderungen bewirken können. Neigst du vielleicht dazu, dich total zu verleugnen, sobald du dich für jemanden interessierst? Bist du geradezu besessen und fühlst dich am Boden zerstört, wenn er nicht anruft? (Mach dir keine Sorgen, damit stehst du keineswegs allein.) Die Karten wie etwa der Teufel oder die Acht der Schwerter können dir das bewusst machen.

Vielleicht hast du aber zum Beispiel auch die Hohepriesterin oder die Königin der Stäbe in den Karten, Bilder von Menschen, die ganz im Einklang mit sich selbst sind und niemanden brauchen, um sich ganz und heil zu fühlen. Mit diesen Motiven im Kopf kannst du dir eine Vorstellung davon machen, wie es wäre, tatsächlich so zu empfinden.

DER TEUFEL

KÖNIGIN DER STÄBE

Geheimnisse enthüllt der Tarot also nicht?

Es wäre gelogen, wenn ich das behaupten würde. Als ich mit Tarot anfing, sollte ich fast allen meinen Freundinnen und Freunden die Karten legen, und es sah ganz so aus, als hätte die Hälfte von ihnen eine heimliche Affäre, was ich bis dahin nicht gewusst hatte. Ich habe auch erlebt, dass der Tarot die Ergebnisse von geschäftlichen Verhandlungen vorhersagte, vor verkehrten Beziehungen warnte und einmal sogar einer Frau half zu verstehen, was sie tun musste, um abzunehmen. Problematisch ist es aber, wenn man mithilfe der Karten versucht, den Geheimnissen anderer Menschen auf die Spur zu kommen. Jeder hat ein Recht auf seine Privatsphäre – selbst potenzielle Lover. Wenn du zum Beispiel die Frage stellst: »Ob Kevin, der süße Typ aus meinem Geschichtskurs, mich wohl mag?«, ohne ihm zu sagen, dass du dir seinetwegen die Karten legen lässt, dann ist das ein Versuch, unbefugt seine Gedanken zu lesen. Wahrscheinlich funktioniert es auch gar nicht. Da ja du die Karten mischst und nicht Kevin, spiegeln sie möglicherweise nur deine Fantasien und Ängste wider. Aber selbst wenn es klappt: Fair ist es nicht.

Soll das etwa heißen, dass ich überhaupt nicht nach Kevin fragen darf?

Nein, ich will damit nur sagen, dass du die Frage von deinem eigenen Standpunkt aus formulieren musst. Also etwa: »Was spielt sich zwischen Kevin und mir ab?«, »Was habe ich Kevin zu geben?« oder »Spielt Kevin eine wichtige Rolle in meinem Leben?« Dies sind nur einige Beispiele, wie du das Thema angehen kannst und gleichzeitig ganz bei dir bleibst.

Wird das Verhalten von Menschen durch die Karten gesteuert?
Keinesfalls. Du wirst von gar nichts gesteuert. Selbst wenn die Karten etwas vorhersagen: Sie zeigen die Zukunft nicht wie in Stein gemeißelt, sondern nur das wahrscheinliche Resultat deiner Entscheidungen. Durch den Tarot wird unsere Willensfreiheit sogar noch verstärkt, denn dadurch, dass wir uns die Karten legen (lassen), können wir unser eigenes Verhalten viel besser verstehen und auch einschätzen, was wohl geschehen würde, wenn wir die eine oder die andere Richtung einschlagen. So einfach, wie es sich anhört, ist es übrigens gar nicht, die Richtung zu ändern. In jedem von uns sind starke innere Triebkräfte am Werk, die uns bestimmte Dinge tun lassen. Und alles, was uns hilft, sie bewusst wahrzunehmen, gibt uns einen Anstoß, bessere Entscheidungen zu treffen. Die Tarotkarten sind schlicht und einfach ein ideales Hilfsmittel für eine aufrichtige Auseinandersetzung mit sich selbst.

Was soll ich tun, wenn jemand echt durchdreht, weil ich die Karten lege?
Ich weiß eigentlich gar nicht, warum das Kartenlegen vielen Leuten dermaßen Angst macht. Zum Teil liegt es wahrscheinlich an den Filmen über zwielichtige Zigeunerinnen, die angeblich die Zukunft aus den Karten lesen, zum Teil aber auch an den schrecklichen Werbespots, die nachts im Fernsehen ausgestrahlt werden. Wie auch immer, manche Leute haben einfach merkwürdige, geradezu abergläubische Vorstellungen vom Tarot. Wenn du deinen Freund zu Hause besuchst und seine Mutter irgendetwas von »satanischen Mächten« brummelt, solltest du also wahrscheinlich lieber nicht verraten, dass du die Karten legst. Leuten, die nicht ganz so drauf sind und einfach nur sagen, dass ihnen der Tarot »unheimlich« ist, kannst du erklären, dass die Karten mit dem, was sie aus Filmen kennen, nichts zu tun haben. Denen gegenüber kannst du auch offen darüber berichten, was du schon alles herausbekommen hast und dass einem der Tarot lediglich Bilder zur Verfügung stellt, mit deren Hilfe man mehr über

sich selbst erfährt. Auch kannst du sagen, dass es beim Tarot letztlich um Selbsterkenntnis und Wahlfreiheit geht. Oder du zeigst ihnen die Bilder (wenn dich die Sammelleidenschaft bereits ein bisschen gepackt hat, kannst du zwei oder drei deiner Lieblingsspiele aus der Tasche ziehen). Bei manchen Leuten hilft es auch, wenn man ihnen von all den berühmten Schriftstellern und Künstlern erzählt, die Karten entworfen oder sich vom Tarot haben inspirieren lassen (zum Beispiel der Maler Salvador Dalí oder der Lyriker T.S. Eliot, um nur zwei zu nennen). Christlichen Skeptikern gegenüber kannst du davon berichten, dass eines der berühmtesten Werke der christlichen Philosophie im 20. Jahrhundert den Titel *Meditations on the Tarot* trägt. (Es gibt sogar ein Foto, das den Schreibtisch des Papstes zeigt, auf dem ein Exemplar des Buches liegt.) Und schließlich kannst du auch einfach sagen, dass das Kartenlegen viel Spaß macht. Aber mal angenommen, du wirst gefragt, wie das Ganze funktioniert. Was sagst du dann?

Also: Wie funktioniert Tarot?
Diese Frage ist ausgesprochen leicht zu beantworten: Man weiß es nicht. Es gibt alle möglichen Theorien wie zum Beispiel die, dass dir dein Unbewusstes oder das so genannte höhere Selbst beim Kartenmischen die Hand führt. Es wird auch behauptet, ein geheimnisvolles Prinzip namens »Synchronizität« sei am Werk und sorge dafür, dass die Karten Muster bilden, in denen sich die Muster deines Lebens widerspiegeln. Wie das aber genau gehen soll? Die simple Antwort lautet: Man weiß es nicht. Die meisten Kartenleger(innen) machen sich auch gar nicht erst Gedanken darüber, sondern legen einfach los.

Loslegen

Aus einer Auswahl verschiedener Tarotspiele hast du dich nun also für eines entschieden. Unmissverständlich hat es dir zugeflüstert: »Nimm mich und ich enthülle dir alle Geheimnisse des Universums«. Du hast die Karten liebevoll in schillernd rote Seide gewickelt. Und was jetzt?

Nun, als Erstes schaust du sie dir an. Mach dir für den Moment noch keine Gedanken darüber, was die Karten zu bedeuten haben, wie du sie benutzt oder wie eine Sitzung funktioniert. Nimm dir einfach nur die Zeit, sie kennen zu lernen.

Hier einige Anregungen. Schau die Karten durch, ohne dass du herausfinden willst, was sie zu bedeuten haben, einfach nur zum Spaß. Leg sie auf einem großen Tisch oder auf dem Fußboden aus, damit du die verschiedenen Farben und Motive in dich aufnehmen kannst, die ganze Vielfalt und Energie der Bilder. Nimm die Karten dann wieder in die Hand, geh sie einzeln durch und bilde zwei Häufchen. Auf den einen Stapel kommen die Karten, die dir auf den ersten Blick zusagen, auf den anderen alle, die dir gar nicht gefallen. Schau, wie groß die Häufchen jeweils werden und wie viele Karten du keinem der beiden zugeordnet hast. Leg dann alle Karten wieder zusammen und geh sie noch einmal durch. Diesmal sortierst du alle aus, die unmittelbar eine Bedeutung für dich haben, wie auch immer die aussehen mag. Schau, wie viele das sind. Mach dir nichts daraus, wenn der Stoß mit dem »Keine Ahnung« größer ist als das »Diese-Karte-sagt-mir«-Häufchen. Du hast doch gerade erst angefangen. Je häufiger du mit den Karten spielst und arbeitest, desto mehr wirst du feststellen, dass dir die Ideen und Inspirationen einfach so zufliegen. Tarot kann man nämlich unter anderem auch als Trainingsprogramm für die Intuition betrachten.

Eine andere Möglichkeit, deine Karten besser kennen zu lernen, besteht darin, dass du guckst, ob welche darunter sind, die dich an bestimmte Menschen erinnern. Kannst du Freunde, Eltern, Lehrer wiedererkennen? Oder Filmstars beziehungsweise Leute aus dem Fernsehen? Abgesehen von eventuellen körperlichen Ähnlichkeiten mit real existierenden Personen kannst du aber auch Eigenschaften, die auf den Karten abgebildet sind, mit Gestalten aus Geschichten vergleichen, die du kennst. Also: Welche Karten erinnern dich zum Beispiel an Figuren aus deinem Lieblingsbuch? Solltest du dich einem der zahlreichen einschlägigen Internetforen anschließen, wirst du feststellen, dass sich die Leute gern Tarotspiele einfallen lassen, die auf bestimmten Themen beruhen, zum Beispiel Harry Potter (als Magier) oder Herr der Ringe (mit Gandalf in dieser Rolle). Es gibt aber auch Spiele mit Rockstars und sogar ein Buffy-Blatt, na ja, du verstehst schon ...

Wenn du eine Freundin oder einen Freund bei dir hast, könnt ihr diskutieren, was ihr jeweils in den Karten seht. Was, denkst du, passiert in den einzelnen Szenen, die auf den Karten dargestellt werden? Welche Gefühle rufen sie hervor? Was hätte es deiner Meinung nach wohl zu bedeuten, wenn sie in einer Sitzung auftauchen würden, bei der es etwa um Beziehungsfragen geht? Oder um die Familie? Oder um schulische Probleme? Wenn du und deine Freundin die Eindrücke vergleichen, die ihr jeweils von der Karte habt, sollte dir klar sein, dass keine von euch Recht hat oder Unrecht. Und mach dir im Moment auch noch keine Gedanken, was wohl in deinem Buch steht. Aktuell ist das nur eine Meinung unter vielen.

Du kannst aber nicht bloß versuchen, die Bedeutung der einzelnen Karten zu erfassen, du kannst dir auch Geschichten dazu ausdenken. Mit anderen Worten: Was, meinst du wohl, tun die Leute, die auf den Karten zu sehen sind? Wirken sie glücklich, unzufrieden, sauer oder ängstlich? Was ist vor der dargestellten Szene geschehen, und was passiert deines Erachtens danach? Such dir zwei Karten aus, und schau, ob du sie zu einer Geschichte zusammenfassen kannst. Verändere dann die Reihenfolge, und sieh zu, was geschieht.

Ein Beispiel. Schau dir die Acht der Kelche an.

Wo geht der Mann, den du da siehst, wohl hin? Geht er auf etwas zu oder macht er sich davon? Wirkt er traurig, entschlossen, zornig? Was, glaubst du, wird er auf seinem Weg finden?

Leg dann die Zehn der Kelche daneben. Was ist das für eine glückliche Familie? Welche Beziehungen könnten wohl zu dem Mann auf dem vorherigen Bild bestehen? Bringt er Neuigkeiten? Kehrt er von irgendwoher zurück? Vielleicht handelt es sich ja um den ersten Ehemann der Frau auf der Zehn; man hatte ihn längst für tot gehalten, aber nach vielen Jahren ist er jetzt ganz unvermutet plötzlich wieder aufgetaucht. Was wird deiner Meinung nach als Nächstes geschehen?

Tausch jetzt die Karten gegeneinander aus.

Was verändert sich dadurch? Könntest du dir vorstellen, dass der Mann, der auf der Zehn zu sehen ist, seine Familie verlassen musste, um sich woanders Arbeit zu suchen? Frag dich auch diesmal wieder: Was wird wohl als Nächstes geschehen? Die Antwort erhältst du natürlich von einer weiteren Karte, die du ziehst.

Dieses Fabulieren hat nicht nur spielerischen Charakter, sondern man lernt dabei auch, die Karten zu interpretieren. Denn damit, die einzelnen Bedeutungen durchzugehen und eine Vorhersage zu treffen, ist es ja nicht getan. Die Karten zu lesen heißt auch, eine Art Geschichte über den Menschen zu erzählen, der die Fragen stellt.

Behalt dabei immer im Auge, dass es keine richtigen oder falschen Antworten gibt. In diesem Buch wie auch in vielen anderen erfährst du, welche Bedeutung die einzelnen Karten in der symbolischen Tradition des Tarots über viele Jahre hinweg bekommen hat. Das heißt aber noch lange nicht, dass es auch immer die richtigen sind. Es sind Standardinterpretationen, nicht mehr und nicht weniger. Ursprünglich drehte sich bei den Karten alles nur um die Bilder. Die Bedeutungen, die ihnen heute zugewiesen werden, sind im Grunde erst Jahrhunderte später aufgekommen.

Schau dir nur einmal die Sieben der Münzen an. Kommt dir der Mann glücklich oder eher unglücklich vor? Was, meinst du, tut er? Ruht er sich von der Arbeit aus, oder ist er gerade erst eingetroffen und muss jetzt zusehen, dass er in die Pötte kommt? An dem Bild selbst verrät nichts, ob die eine Interpretation richtig ist oder die andere. Wenn du also eine Karte zur Hand nimmst, sie betrachtest und denkst: Der Typ sieht richtig happy aus, und im Buch dann liest, dass sie für »Elend und Traurigkeit« steht, dann heißt das noch lange nicht, dass du im Irrtum bist. Du hast eine neue Interpretationsmöglichkeit eröffnet. Falls dieses Motiv auftaucht, wenn du einer Freundin die Karten legst, wirst du sie vielleicht fragen wollen: »Wie wirkt der Mann auf dich? Eher glücklich oder eher traurig?.«

Eine Karte pro Tag

Die Deutung der Tarotkarten kann einem wie ein Riesenunternehmen vorkommen. Wenn du dich mit den Legesystemen befasst, die in Büchern wie meinem hier vorgeschlagen werden, mit den Bedeutungen der einzelnen Karten, kann es leicht passieren, dass du dir denkst: »Das krieg ich nie gebacken. Das ist einfach too much.« Daher fangen viele Leute auch mit einer einzigen Karte an und suchen sich jeden Tag eine neue aus. Das heißt, abgesehen davon, dass sie duschen, sich anziehen, frühstücken und aus dem Haus rennen, mischen sie auch jeden Morgen die Karten und ziehen eine heraus. Die nehmen sie den ganzen Tag über immer mal wieder zur Hand, schauen sie an, denken darüber nach und gucken, was das Buch über sie zu sagen hat. Am Abend überlegen sie dann, ob die Ereignisse des Tages auf irgendeine Weise mit dem Bild und seiner Bedeutung in Zusammenhang stehen.

Wenn du das ein paar Wochen lang so machst, lernst du die Karten in mehr als einer Hinsicht kennen. Zunächst einmal musst du auf diese Weise gar nicht erst versuchen, dir alle 78 Bilder auf einmal einzuprägen, sondern machst dich ganz allmählich mit ihnen vertraut. So erschließt du dir die Karten ganz einfach Schritt für Schritt. Dadurch ist das Ganze bedeutend einfacher zu handhaben und macht außerdem auch viel mehr Spaß.

Zweitens. Du findest es vielleicht übertrieben, dir jeden Tag nur eine einzige Karte vorzuknöpfen. In Wirklichkeit ist aber genau das Gegenteil der Fall. Wenn du es so machst, wie ich es dir vorschlage, verlierst du nämlich die Angst vor den Karten und dem, was sie dir zu sagen haben. So erwischst du an einem Tag vielleicht die Unheil verheißende Zehn der Schwerter und am nächsten die fröhliche Drei der Kelche, die dich geradewegs zu einer Party einzuladen scheint.

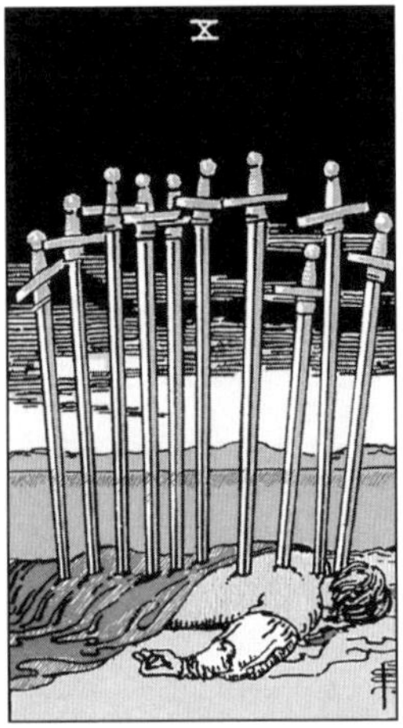

Die Schwerterkarte sieht tatsächlich ziemlich furchteinflößend aus. Aber andererseits: Wie schlimm kann es schon werden, wenn es doch nur um einen einzigen Tag geht? Vielleicht stellt sich ja heraus, dass ihre Bedeutung lediglich darin bestanden hat, dass an diesem Tag scheinbar nichts so richtig rund lief. Beziehungsweise dass du oder jemand in deinem Umfeld an diesem Tag dazu neigt, alles zu dramatisieren. Kann die Karte nicht auch diese Aussage treffen? Möglicherweise findest du ja heraus, dass sie für dich genau das bedeutet und nicht etwa Gewalt oder Gefahr; nein, einfach nur die Tendenz, alles zu übertreiben oder sich in Selbstmitleid zu ergehen. Und wenn du dann am nächsten Tag die Drei der Kelche ziehst, ist plötzlich sowieso alles ganz easy. Du wirst auf ein Fest eingeladen, gehst mit Freundinnen shoppen oder hast einfach nur Lust zu tanzen. Auf diese Weise bekommt man nach und nach ein Gefühl für die Karten.

Und noch etwas spricht für diese Tag-für-Tag-Methode: Manche Karten sind auf den ersten Blick alles andere als eindeutig. Entweder man kommt partout nicht drauf, was die Abbildung eigentlich zeigen soll, oder aber das Bild ist zwar verständlich, man hat aber nicht die geringste Vorstellung, was es mit einem persönlich oder diesem bestimmten Tag zu tun haben könnte. Mal angenommen, alle Lehrer hätten beschlossen, an ein und demselben Tag eine Klassenarbeit schreiben zu lassen. Das wäre wohl ein Fall für die Zehn der Schwerter. Wenn dann aber stattdessen die Drei der Kelche auftaucht? Dann kann man die Karte am Abend noch einmal zur Hand nehmen und den Tag Revue passieren lassen. Möglicherweise ergibt das Motiv jetzt schon bedeutend mehr Sinn. Vielleicht waren die Tests ja viel einfacher, als alle gedacht hatten, und es gibt richtig Grund zu feiern.

Aber angenommen, du ziehst eine Karte, deren Botschaft dir vollkommen klar zu sein scheint. Du verstehst ihre Bedeutung sofort – der Tag verläuft aber ganz anders, als du es dir vorgestellt hast. Ist der Tarot dann im Irrtum? Oder ist dir vielleicht bei der Interpretation ein Fehler unterlaufen? Beides wäre falsch. Die simple Wahrheit lautet: Nichts im Leben ist unfehlbar. Wenn dir so etwas passiert, kann es eine Hilfe sein, eventuelle übertriebene Vorstellungen über den Tarot oder auch über deine geheimnisvollen Fähigkeiten als Wahrsagerin über Bord zu werfen. Beim Kartenlegen geht es nicht darum, sich selbst oder Freunde und Freundinnen zu verblüffen, sondern darum, die Bilder als Fährte zu eigenen Einsichten zu benutzen. Und Spaß zu haben. Es kann nie schaden, wenn man sich immer mal wieder vor Augen führt, dass Tarot ursprünglich ein Spiel war.

Ich spreche übrigens zwischendurch immer mal wieder von Legesystemen. Im Kapitel »Deutung« kannst du jederzeit nachschauen, was damit gemeint ist, und wie sie funktionieren.

DIE GROSSEN ARKANA

Dieser Teil der Karten ist das eigentlich Besondere am Tarot; er ist es auch, der zu zahllosen Büchern angeregt hat. Manche Leute sehen in den Großen Arkana das Geheimnis des Lebens, eine magische Reise oder eine uralte Geheimlehre im Gewand eines Kartenspiels. Dass das Ganze so mysteriös wirkt, liegt unter anderem auch an den Namen der Karten, »Der Magier«, »Der Gehängte« oder »Der Teufel«, um nur ein paar Beispiele zu nennen.

Man kann sagen, die Großen Arkana stehen für die großen Ideen beziehungsweise Lebensthemen, während die Kleinen Arkana eher die Details zeigen. Viele Leute halten die Karten der Großen Arkana auch für »spiritueller« beziehungsweise erhabener und können richtig sauer werden, wenn keine auftaucht, so als hätte der Tarot sie irgendwie betrogen. Wichtig sind aber alle Karten. Die Trümpfe repräsentieren einfach nur die großen Themen.

Im Laufe der Zeit wurden jeder Karte eine Menge symbolische Informationen zugeordnet. Was auf den ersten Blick aussieht wie eine einfache szenische Darstellung, beinhaltet in Wirklichkeit ein ganzes Spektrum von Ideen und Erkenntnissen. Wusstest du zum Beispiel schon, dass man mit den Tarotkarten auch komponieren kann? Jeder Trumpfkarte ist eine Note zugeordnet, sodass man die 22 Karten der Großen Arkana mischen und so viele umdrehen könnte, wie man möchte, und schon hätte man ein musikalisches Thema. Genauso gut könnte man auch ein paar aussuchen und gucken, ob sie sich als Akkord für Gitarre oder Klavier eignen. Natürlich müsstest du selbst das Lied dann noch schreiben und dir gegebenenfalls auch einen Text einfallen lassen. Dabei könntest du dich aber von den Kleinen Arkana inspirieren lassen. Falls du es einmal ausprobieren möchtest: Unter der Überschrift »Musik« gebe ich im Steckbrief zu jeder Trumpfkarte die Note an, die ihr zugeordnet ist.

Auch die astrologischen Bezüge der Karten nenne ich jeweils. Sie stammen aus dem ausgehenden 19. Jahrhundert von einer Gruppe namens The Hermetic Order of the Golden Dawn, Orden des Goldenen Morgens. (»Hermetisch« bezieht sich übrigens auf Hermes, einen für Wissen und Magie zuständigen griechischen Gott.) Im Laufe der Jahre wurden diese Verbindungen zur Astrologie ein fester Bestandteil des Tarots. Aber wie für alle anderen Informationen in diesem Buch gilt auch in diesem Fall, dass du dich nicht unbedingt damit beschäftigen musst. Wenn du dich jedoch ein bisschen mit Astrologie auskennst, ist es vielleicht hilfreich, wenn du weißt, welche Karte welchem Sternzeichen beziehungsweise Planeten zugeordnet wird.

Du findest es merkwürdig, dass so eine einfache Karte dermaßen viele Infos enthält? Denk nur an eine CD-ROM. Das ist auch nur eine runde Scheibe von ein paar Zentimetern Durchmesser. Wenn du sie aber in deinen Computer schiebst, tauchen auf dem Monitor plötzlich unglaublich viele Informationen auf. Natürlich mussten sie ursprünglich alle einmal von einem Programmierer verschlüsselt werden. Du aber brauchst jetzt nur noch zu wissen, welche Tasten du drücken musst, um vollen Zugriff darauf zu haben.

Ganz ähnlich verhält es sich mit den Karten und genau aus demselben Grund. Je besser man Bescheid weiß, desto mehr bekommt man heraus. Im Laufe der Jahre haben viele Menschen mit großer Sorgfalt an der Symbolsprache gearbeitet. Wenn du jetzt die Karten deuten möchtest, kannst du diese ganzen symbolischen Informationen getrost ignorieren. Für den Fall aber, dass du sie doch verwenden möchtest, stehen sie dir zur Verfügung.

Soll das nun etwa heißen, dass du dich hinsetzen und Riesenmengen von Informationen auswendig lernen musst? Überhaupt nicht. Denn erstens hast du ja dieses Buch. Und außerdem ist es gar nicht erforderlich, sich jede Karte der Großen Arkana einzeln anzusehen, da es schon lange Usus ist, sie als Ganzes zu betrachten. Das geht am einfachsten, indem man darin eine Geschichte sieht, eine Art Kinofilm mit 22 Szenen beziehungsweise eine 22-teilige Fernsehserie.

Diese Geschichte wird meistens als Reise des Narren bezeichnet, was im Grunde heißt, dass der Narr der Held der gesamten Fabel ist und nicht bloß eine Episode der Reise beziehungsweise Suche darstellt, von der die anderen Karten erzählen. Das ist einleuchtend, denn mit seiner Nummer 0 war der Narr bereits vor all den anderen Karten da, die Zahlen von Eins bis Einundzwanzig tragen.

Wenige Motive sind so allgemein verbreitet wie die ereignisreiche Reise des Narren. Denk nur an die vielen Märchen, in denen dem jüngsten Bruder oder der kleinsten Schwester, eben dem Narren, gelingt, was sonst niemand schafft. Aschenputtel, das unschuldige Schwesterchen, ist eine Variation des Themas, Schneewittchen – weiß und rein wie frischer Schnee – eine andere. Um eine

Narrenfigur jüngeren Datums handelt es sich bei Frodo Beutlin aus dem Herrn der Ringe, der etwas zuwege bringt, was die ganzen großen Helden und Zauberer nicht einmal versucht haben. Im Unterschied zu Frodo oder vielen anderen Helden handelt der Narr im Tarot allerdings voller Freude, Neugier und vielleicht auch aus ein wenig Übermut heraus.

Aber nicht nur Märchen oder Abenteuergeschichten folgen diesem Muster. Auch Liebesgeschichten erzählen im Grunde von der Reise des Narren. Um zueinander finden zu können, müssen die Partner verschiedene Hindernisse überwinden, die familiärer Natur oder auch im eigenen Verhalten begründet sein können. Die Neuverfilmung von Aschenputtel als Pretty Woman, der Story einer Prostituierten, war nur möglich, weil das zugrunde liegende Motiv von so großer Allgemeingültigkeit ist.

Und dass so viele Geschichten nach diesem Muster funktionieren, hat natürlich auch einen Grund: Der Mensch selbst ist der Narr, jeder Einzelne von uns. Ohne richtig zu wissen, wo wir hin wollen, wie wir unser Ziel erreichen oder auch nur, warum wir eigentlich aufbrechen, begeben wir uns auf die Reise. Oft fühlen wir uns mutterseelenallein, und dann hilft es auch nichts, wenn uns andere damit trösten wollen, dass es ihnen genauso geht. Denn es scheint uns trotzdem niemand zu verstehen oder zu begreifen, was mit uns los ist. Das liegt daran, dass wir es selbst nicht wissen. Wir sind genau wie jene Nummer 0, der Narr, der offen ist für die Reise, aber keine Landkarte hat.

Jedoch nicht alle Menschen empfinden es so. Manchen kann man die Karten der Großen Arkana in die Hand drücken, und sie identifizieren sich sofort mit Karten wie dem Herrscher oder dem Eremit, die alles unter Kontrolle haben. Andere halten sich auch für den Teufel, düster und mächtig. Und vielleicht haben sie damit sogar Recht und wissen ganz genau, was sie tun. Trotzdem, das Leben wird aber auch für sie seine Überraschungen parat haben. Wenn uns der Tarot etwas lehrt, dann ist es Abenteuerlust, und in der Regel ist die Bereitschaft, an sich zu arbeiten und auch einmal ein Risiko einzugehen, besser als ein in allen Einzelheiten ausgearbeiteter Lebensplan.

Das lehren uns die Karten. In dem Moment, in dem wir sie mischen, geben wir die Kontrolle auf und lassen neue Möglichkeiten zu. Du wünschst dir vielleicht, dass der Typ, den du da neulich kennen gelernt hast, ganz verrückt nach dir ist und ihr bis an euer Lebensende miteinander glücklich seid (mit anderen Worten: »Die Liebenden«), und dann erwischst du stattdessen Karten, die von Enttäuschung, Schock oder Unglück sprechen. Das Ergebnis können wir beim besten Willen nicht beeinflussen, und das macht uns alle zum Narren.

Das mag sich nun alles ganz so anhören, als würde uns der Tarot einreden, im Leben hänge alles vom Zufall ab. Dabei ist genau das Gegenteil der Fall: Im großen Rahmen gesehen fügt sich alles wunderbar zusammen und ergibt eine Geschichte. Nur, dass wir zwar deren Held sind, es aber nicht wissen, während sie sich zuträgt. In den Großen Arkana mit ihren 21 Entwicklungsstadien zeigt uns der Tarot im Grunde die Geschichte unseres Lebens.

Wenn wir jetzt jede Karte einzeln durchgehen, betrachten wir sie genau so, wie wir es tun würden, wenn sie in einer Sitzung auftreten würden. Zugleich haben wir aber auch immer das Gesamtbild im Auge. Also: Was hat es zu bedeuten, wenn der Narr auf den Magier trifft? Was geschieht bei Vollmond oder im hellen Sonnenschein? Was hat es mit den Engeln und Teufeln auf sich, die auf manchen Karten zu sehen sind? Wer dreht wirklich am Rad des Schicksals? Welche Gerechtigkeit haben wir zu erwarten, wenn wir die Karte mit der Nummer XI erwischen, und wer fällt das Urteil bei der XX? Warum heißt die letzte Karte Die Welt? Und was soll das eigentlich alles mit einem jungen Mädchen zu tun haben, das wissen möchte, ob sein Freund es betrügt?

Neugier und eine gewisse Abenteuerlust. Das ist es, was der Narr in seinem Bündel hat, das er so lässig über der Schulter trägt. Und genau davon werden wir uns leiten lassen, wenn wir jetzt unsere Reise durch die Karten antreten.

0

DER NARR

☆ ☆ ☆ ☆ ☆ ☆ ☆

SCHLÜSSELBEGRIFFE
Freiheit, Individualität, Risiko, Spontaneität

ASTROLOGIE
Planet Uranus

NOTE
E

GABE
Freiheit

HERAUSFORDERUNG
Leichtsinn

Der Narr, der vor allen anderen Karten ganz am Anfang der Großen Arkana steht, ist die Gestalt, die die Reise durch die einundzwanzig Stufen unternimmt. Als Null ist der Narr gar nichts. Das macht ihn zu dem Teil von uns, den niemand festnageln, einschränken oder definieren kann. Der Narr entzieht sich allen Beschränkungen. Unser ganzes Leben lang versucht man, uns einzuengen und einzuordnen. Die Leute sagen »Aha, so einer bist du also« und kategorisieren uns anhand unserer Sprache oder wie wir uns bewegen, aufgrund unserer Kleidung und Figur. In der Schule werden unsere Intelligenz, unsere Fähigkeiten und sogar die gesamte Persönlichkeit beurteilt. Und dann versucht man uns davon zu überzeugen, wir seien genau das, was sie an ihren Maßstäben ablesen. Tief im Inneren wissen wir aber, dass kein Maßstab und keine Beschreibung die Wahrheit über uns erfassen kann.

Man versucht auch, uns anhand unserer Gruppenzugehörigkeit zu definieren. Rasse, Religion, familiärer Hintergrund, reich oder arm, homo oder »normal«, all das sagt angeblich aus, wer wir sind. In der Schule ist es genau dasselbe. An allen Ecken und Enden haben wir es ständig mit Definitionen zu tun.

Der Narr führt uns vor Augen, dass wir nicht den Fehler machen dürfen, uns darin wiederfinden zu wollen. Er ist wie eine winzige Stimme, die uns immer wieder zuflüstert: »Du bist nicht identisch mit deinem Hintergrund. Du bist nicht identisch mit deinem Aussehen. Du bist nicht identisch mit deinen Noten oder Testergebnissen. Du bist nicht identisch mit deiner Familie oder deinen Freunden. Du bist nicht identisch mit den Geschichten, die andere Leute über dich erzählen. Du bist ganz du selbst. Du bist der Geist, den niemand vollkommen erfassen kann. Du bist frei.«

Als Karte, die alle anderen durchläuft, repräsentiert der Narr jeden Neubeginn, insbesondere alle Anfänge, die ein Risiko beinhalten. Wenn wir auf Treu und Glauben handeln, uns auf etwas einlassen, das wir vorab nicht in allen Einzelheiten planen können, oder wenn wir statt gut gemeinten Ratschlägen unserem Herzen folgen, immer dann ist der Narr bei uns.

Aber Vorsicht. Der Narr verkörpert lediglich einen Zugang zum Leben, und das vermutlich Wichtigste, was wir vom Tarot lernen können, ist, dass sich ein Ansatz nicht auf alle Situationen anwenden lässt. »Wer wagt, gewinnt«: Daran erinnert uns der Narr. Vergiss aber auch nie das andere Sprichwort, das da sagt: »Vorsicht ist die Mutter der Porzellankiste.«

Wenn der Narr in den Karten liegt und dich scheinbar animiert, ein großes Risiko einzugehen, dann musst du dir immer auch die anderen Karten ansehen. Unterstützen sie ein solches Wagnis? Karten wie der abenteuerlustige Ritter der Stäbe, die leidenschaftliche Herrscherin oder die fröhliche Sonne würden dem Narren beipflichten. Andere wie zum Beispiel der unbeugsame König der Schwerter oder die disziplinierte Neun der Münzen würden dafür sprechen, sich die Sache noch einmal gut durch den Kopf gehen zu lassen. Und schwierige Karten wie die überlastete Zehn der Stäbe oder die sorgenschwere Neun der Schwerter, könnten als Warnung vor eventuellen unerwünschten Folgen leichtsinnigen Handelns verstanden werden.

Und an dieser Stelle wird's kompliziert. Angenommen, sowohl der Narr als auch die Zehn der Stäbe würden in den Karten liegen. Dann hängt viel davon ab, welche Karte als erste kommt. Folgt die Zehn der Stäbe dem Narren, so bedeutet es, dass das, was du vielleicht tun willst (zum Beispiel ein Verhältnis mit dem niedlichen Typen anfangen, an den du schon seit zwei Wochen ständig denken musst), Probleme aufwerfen könnte (wie Eifersucht, familiäre Schwierigkeiten oder übermäßige Bedürftigkeit), die dein Narren-Ich nicht auf der

Rechnung hat. Bezieht sich die Zehn der Stäbe jedoch auf aktuelle Belastungen, erinnert dich der Narr daran, dass du diese Situation auch beenden kannst. Du musst sie nicht bis zum Sankt-Nimmerleins-Tag ertragen.

Wenn sich der Narr unmittelbar auf dich selbst oder jemanden, den du kennst, bezieht (etwa besagten Typen), dann repräsentiert er einen ausgesprochenen Freigeist, einen Menschen, der sehr spontan, ungezähmt und in höchstem Maße intuitiv ist. Der Narr kann charismatisch oder auch sehr sinnlich sein. Versuch aber nicht, ihn auf irgendetwas festzulegen, und rechne nicht damit, dass er sich bindet oder gar treu ist. Ein richtiger Schwindler ist der Narr nicht, er handelt einfach aus dem Moment heraus und akzeptiert keinerlei Regeln. Ein Date mit dem Narren kann sehr, sehr viel Spaß machen – solange du keinen bestimmten Plan verfolgst. Es kann nämlich durchaus vorkommen, dass er verspricht, mit dir in ein Konzert zu gehen, und dann in der Badehose auftaucht, nur weil es ein so schöner lauer Sommerabend ist.

Umgekehrt fordert uns der Narr auf, noch einmal nachzudenken und genauer hinzuschauen, bevor wir eine Entscheidung treffen. Unter Umständen ist es geraten, Vorsicht und Disziplin walten zu lassen oder eine bestimmte Situation mit aller Sorgfalt zu analysieren. Vielleicht ist der Typ, für den du dich interessierst, ja doch nicht der Richtige.

I

DER MAGIER

Welche Bedeutung hat für dich das Wort »Magie«? Dass Dinge verschwinden? Dass etwas verhext oder jemand verzaubert wird – sich vielleicht in dich verliebt? Möglicherweise denkst du aber auch, echte Magie gäbe es gar nicht, das sei reine Illusion. Im Tarot versteht man unter Magie die Fähigkeit, Energie zu kanalisieren und so einzusetzen, dass sie Veränderungen bewirkt. Natürlich tragen Zauberer häufig besondere Roben, sprechen Formeln und verbrennen Weihrauch. Im Grunde aber ist der Magier ein Meister des Alltagslebens. Deshalb liegen auf dem Tisch vor ihm auch die vier Symbole der Kleinen Arkana, neben dem Stab auch der Kelch, das Schwert und die Münze.

Schau dir die Haltung des Magiers an. Mit der einen Hand hält er den Zauberstab wie einen Blitzableiter hoch, als wolle er Energien nach unten leiten. Mit der anderen deutet er auf den Erdboden und die Blumen. Er behält die Energie also nicht bei sich, sondern lässt sie durch sich hindurchströmen. Versuch mal, einen Moment lang so dazustehen. Spürst du, wie diese Haltung den Körper öffnet, wie du gleich viel unbeschwerter atmest?

Praktisch alle Maler, Schriftsteller, Musiker, Tänzer, Sportler und Köche werden dir versichern, dass nichts Nennenswertes geschieht, solange sie versuchen, ihre Kreativität zu beherr-

SCHLÜSSELBEGRIFFE
Wille, Handlung, Bewusstsein, Kreativität, Licht

ASTROLOGIE
Planet Merkur

NOTE
E

GABE
Geballte Energie

HERAUSFORDERUNG
Übermäßige Intensität

schen. Spannend wird es erst, wenn der bewusste Teil ihrer Persönlichkeit in den Hintergrund tritt und die Energie durch sie hindurchgeht. Der Magier hat hart gearbeitet und sich hohe Kompetenz und großes Wissen angeeignet. Die eigentliche Kraft aber kommt aus dieser Körperhaltung und aus der Bereitschaft, die Energien fließen zu lassen. Wir alle wissen, wie es ist, wenn wir von Energie so überflutet werden, dass wir kaum mehr stillsitzen können. (Auch du hattest bestimmt schon einmal »Hummeln im Hintern«.) Genau wie der Künstler weiß auch der Magier, wie er diese Energie nutzen und so einsetzen kann, dass etwas Kreatives für einen guten Zweck herauskommt (und sei es auch nur Spaß mit Freunden).

Wenn diese Karte in einer Sitzung auftaucht (und sich auf dich persönlich bezieht), bedeutet sie eine Zeit großer Energie, Kreativität und Konzentrationsfähigkeit. Während man an einem künstlerischen Projekt arbeitet, ist es toll, wenn man sie bekommt, genauso im Sport oder wenn man sich auf eine Prüfung vorbereiten muss. Der Magier kann sich aber auch auf jemanden beziehen, der sehr attraktiv ist, um den man sich reißt oder dem man gern folgt.

Der Narr wird häufig als gleichermaßen männlich und weiblich beschrieben. Als Null gleicht er dem Ei: Alles ist möglich, aber noch unentwickelt. Wenn wir nun mit der Eins in das Reich der nummerierten Karten eintreten, beginnt das Potenzial des Narren Form anzunehmen. Zugleich tritt aber auch die Idee, wir hätten alles in uns, in den Hintergrund. Der Magier und die Hohepriesterin führen ein wichtiges Prinzip ein, das der Dualität. Der Tradition des Tarots zufolge besteht die Welt aus Hell und Dunkel, Tun und Ruhen, männlich und weiblich. Aber auch die Naturwissenschaftler beschreiben etwa die Magnetpole und die Elektrizität in Begriffen von positiv und negativ. Und Ingenieure sprechen von (männlichen) Steckern und (weiblichen) Steckdosen.

Die Zahl 1 erinnert an so einen Stecker, und wenn die Zahl Zwei (wie bei der Hohepriesterin) in römischen Ziffern geschrieben wird, so mutet das wie eine Steckdose an. Was allerdings nicht heißen soll, dass die Karten das Geschlecht beziehungsweise die Geschlechtsorgane repräsentieren (jedenfalls nicht unmittelbar). Sie beziehen sich jedoch auf männliche und weibliche Eigenschaften. An dieser Stelle sollten wir uns noch einmal vor Augen führen, dass wir hier von so genannten Archetypen sprechen, also grundlegenden Wesenszügen, und nicht von echten Menschen. Mit anderen Worten: Der Magier kann auch eine Frau sein. Und die Hohepriesterin ein Mann. Das ist ja das Tolle am Tarot: Er lehrt uns, dass wir uns ständig verändern, denn in einer Sitzung wirst du vielleicht vom Magier repräsentiert und in der nächsten von der Hohepriesterin.

Was aber bedeutet nun eigentlich »männlich« im Tarot? In der Regel bestimmt, rational, tatkräftig, aktiv. Eine Frau, die so agiert, wird dadurch nicht zum Mann; sie legt bloß die Eigenschaften des Magiers an den Tag.

Umgekehrt weist der Magier auf Energieblockaden hin. Die betreffende Person muss etwas ausleben, weiß aber nicht wie. Unruhe, Frustration und Müdigkeit können die Folge sein. Es kann sich auch um ein Zeichen handeln, dass man etwas hinauszögert und Mühe hat, sich auf ein Projekt zu konzentrieren. Wenn du dir zum Beispiel die Karten legst, obwohl du eigentlich lernen solltest, könnte der Magier auf dem Kopf stehen. Unter Umständen hat es aber auch Machtmissbrauch oder Manipulation zu bedeuten.

II

DIE HOHEPRIESTERIN

☆ ☆ ☆ ☆ ☆ ☆ ☆

SCHLÜSSELBEGRIFFE
Geheimnis, Stille, Weisheit, das Unbewusste, Dunkelheit

ASTROLOGIE
Mond

NOTE
A^{b}

GABE
Innere Wahrheit

HERAUSFORDERUNG
Gleichgültigkeit

Hattest du schon einmal das Gefühl, du wüsstest etwas wirklich Wichtiges, eine große Wahrheit über das Leben oder vielleicht auch nur über eine aktuelle Situation, konntest sie aber nicht in Worte fassen? Und wusstest, dass sie dir entfleuchen würde, wenn du versuchen würdest, sie zu erklären? In derartigen Erfahrungen kommt für einen kurzen Moment die Hohepriesterin zum Ausdruck. Denn sie verkörpert des Mysterium, ist die Hüterin der Wunder im Tarot. Der Eingang zum Tempel hinter ihr ist mit einem Tuch verhüllt, doch man kann zwischen den Säulen vorbei ins Innere schauen. Dort gibt es nicht etwa denkwürdige Statuen oder Gesetzessammlungen, sondern nur Wasser. Wasser symbolisiert das Unbewusste, und das ist die wahre Quelle ihrer Macht. Die Hohepriesterin ist ein Symbol für die Fähigkeit, unbewusste Gefühle und Intuitionen so weit hochkommen zu lassen, dass wir sagen können: »Erklären kann ich es nicht, ich weiß es einfach.«

Zu Füßen liegt ihr ein Halbmond, denn schon immer wussten die Menschheit um die Fähigkeit des Mondes, unser Innerstes zu berühren (siehe auch »Der Mond«). Im Schoß hat die Hohepriesterin eine Schriftrolle mit der Aufschrift »TORA«. Du weißt vielleicht, dass die jüdischen Gesetze diesen Namen tragen. Im Unterschied zu der Schriftrolle, die die Juden jeden Samstag entrollen, bleibt diese hier jedoch geschlossen – als

Symbol der wortlosen, stummen Wahrheit. Übrigens: Dass die Hohepriesterin eine Tora-Rolle in der Hand hält, heißt nicht, dass sie Jüdin ist. Schließlich trägt sie auch eine Halskette mit einem Kreuz, und ihr Kopfschmuck erinnert an den der ägyptischen Göttin Isis. Es gehört zu den Traditionen des Tarots, sich der Symbole unterschiedlicher Kulturen zu bedienen. Das B und das J auf den beiden Säulen stehen für »Boas« und »Jachin», wie die beiden Hauptsäulen des Tempels von Jerusalem genannt wurden. Was aber haben diese Worte auf einer Tarotkarte zu suchen? Du hast vielleicht schon einmal von den Freimaurern gehört. Heute betrachtet man sie im Allgemeinen als eine Art Club. Ursprünglich handelte es sich dabei jedoch um eine magische Gesellschaft, die unter anderem auf die Entwicklung des Tarots großen Einfluss nahm. Ihr Ziel bestand darin, den Tempel König Salomons wiederaufzubauen. Dass hier die beiden Säulen schwarz und weiß sind, macht sie zum Symbol für die zahlreichen Gegensätze und Widersprüche des Lebens.

Manche Leute betrachten die Hohepriesterin als »Jungfrau«. Wenn du die Karten nach jemandem befragst, den du magst, und diese Karte erhältst, so kann die Bedeutung tatsächlich darin bestehen, dass die betreffende (männliche oder weibliche) Person noch Jungfrau ist; möglich ist auch, dass deine eigene sexuelle Unberührtheit zum Problem wird. Mit größerer Wahrscheinlichkeit jedoch weist die Karte auf die fehlende Bereitschaft hin, zum jetzigen Zeitpunkt eine Beziehung einzugehen, da die betreffende Person im Moment eher nach innen schauen muss, statt sich auf jemand anders einzulassen. Wir sollten uns aber auch darüber im Klaren sein, dass »Jungfrau« hier nicht mit Schüchternheit oder fehlender Erfahrung gleichzusetzen ist. Bei den alten Griechen galten einige der mächtigsten Göttinnen als Jungfrauen. Sie behielten ihre Kraft einfach eher für sich und gingen ihren eigenen Leidenschaften nach, beispielsweise Athene mit ihrer Liebe zur Weisheit oder Artemis, deren ganzes Herz den Bergen und den wilden Tieren gehörte. Wenn dich jemand bedrängt, sexuell weiter zu gehen, als du zurzeit eigentlich willst, und in einer Tarot-Sitzung die Hohepriesterin erscheint, dann möchte dir die Karte vermutlich sagen, dass du unbedingt auf deine ureigenen Instinkte vertrauen und dich zurückhalten solltest. (Was aber natürlich nicht bedeutet, dass der Tarot Abstinenz, Keuschheit oder sonst irgendeine absolute Lehre predigen würde. Andere Karten verkünden eine ganz andere Botschaft.)

Allgemeiner ausgedrückt fordert uns die Hohepriesterin auf, Innenschau zu halten und uns (sexuell oder anderweitig) nicht so sehr auf andere einzulassen, damit wir wieder ein Gefühl für uns selbst bekommen können. Sie betont die Intuition gegenüber den Tatsachen sowie das Bedürfnis, auf die eigene Wahrheit zu vertrauen. Sie kann auch für Schweigen stehen. Versuch dich nicht zu erklären, nicht anderen Menschen gegenüber, aber auch nicht gegenüber deinem bewussten Verstand, jenem Teil von dir, der verlangt, dass du alles rechtfertigen oder beweisen kannst. Die Hohepriesterin erinnert uns daran, dass sich manche Wahrheiten allen Erklärungsversuchen entziehen.

Umgekehrt kommt die Hohepriesterin aus der Reserve, wird leidenschaftlicher und wendet sich (wieder) mehr anderen Menschen zu. Jetzt kann es gut tun, eine Partnerschaft einzugehen oder einfach mehr Zeit mit Freunden zu verbringen. Manchmal bedeutet die umgekehrte Hohepriesterin auch, dass jemand ein Geheimnis preisgeben wird. Ob diese Interpretation zulässig ist, hängt jedoch davon ab, ob sie von den anderen Karten bestätigt wird.

III

DIE HERRSCHERIN

Von der kühlen Distanziertheit der Hohepriesterin gehen wir jetzt zur Wärme und Leidenschaft einer Karte über, die mit Venus (beziehungsweise bei den Griechen: Aphrodite), der Göttin der Liebe, in Verbindung gebracht wird. Die Herrscherin zeigt unsere Leidenschaft für Romantik und Sinnlichkeit, aber auch für Natur und Schönheit, also alles, dem wir viel Gefühl entgegenbringen. Vergiss nicht: Eine Herrscherin regiert und gehorcht nicht. Von ihren Partnern erwartet sie, dass sie sie gut behandeln und sich ihr voller Hingabe zuwenden. Sie selbst dagegen ist nicht unbedingt loyal und trifft auch nicht immer die beste Wahl, denn sie handelt aus ihren Gefühlen und Sehnsüchten heraus und nicht nach einem sorgfältig ausgearbeiteten Plan oder aus Vorsicht. Wenn die Herrscherin in einer Sitzung auftaucht, musst du dir unbedingt auch die anderen Karten anschauen. So könnten etwa die Mäßigkeit, die intellektuellen Schwerter oder auch die praktischen Münzen empfehlen, der Leidenschaft der Herrscherin ein wenig gesunden Menschenverstand entgegenzusetzen. Wenn sie nicht den Fragenden selbst repräsentiert, solltest du überlegen, was es wohl bedeutet, so eine leidenschaftliche Herrscherin in seinem Leben zu haben.

Wenn du mehr über ihren Zugang zur Romantik und dem Leben im Allgemeinen erfahren möchtest, kannst du dich

☆ ☆ ☆ ☆ ☆ ☆ ☆

SCHLÜSSELBEGRIFFE
Leidenschaft, Natur, Sinnlichkeit, Mutterschaft, Gefühl

ASTROLOGIE
Planet Venus

NOTE
F#

GABE
Liebe zum Leben

HERAUSFORDERUNG
Zu große Gefühlsbetontheit

eingehender mit den großen Liebesdichterinnen beschäftigen, zum Beispiel mit Sappho, der bedeutendsten Liebeslyrikerin des Altertums und glühendsten Verehrerin Aphrodites. Oder du liest Geschichten über die mythologischen Liebesgöttinnen und schaust dir ein paar klassische Liebesfilme an. Und denk daran, dass die Herrscherin auch für andere Leidenschaften stehen kann, insbesondere für die zur Natur und zur Kunst.

Das hört sich ganz so an, als wäre die Herrscherin automatisch immer eine Frau. Im Tarot kann jedoch jede Karte jeden Menschen repräsentieren, unabhängig vom Geschlecht. Davon war schon einmal die Rede, mir ist es aber wichtig, noch einmal darauf hinzuweisen, besonders bei einer Karte, die dermaßen auf sexuellen Stereotypen beruht. Die Karten bedienen sich der traditionellen Symbole für männliche und weibliche Eigenschaften. Aber wir machen alle einmal Zeiten durch, in denen wir das Leben genau so klischeehaft erfahren, auch wenn wir es vielleicht nicht zugeben möchten.

Abgesehen von romantischer Leidenschaft kann die Herrscherin auch ein Symbol für Mutterschaft sein. Wir neigen zwar dazu, diese beiden Dinge als völlig getrennt voneinander zu betrachten, gar als Gegensatz. (So geht es manchen Leuten zum Beispiel gegen den Strich, sich ihre Eltern als Liebespaar vorzustellen.) Wenn man jedoch einmal eingehender über die beiden Seiten der Herrscherin nachdenkt, Liebe und Mutterschaft, wird der Zusammenhang natürlich ganz deutlich.

Die Herrscherin kann auch die tatsächliche Mutter des Fragenden repräsentieren. In diesem Fall helfen sowohl die anderen Karten als auch die Position im Legesystem herauszufinden, welcher Einfluss von ihr ausgeht. Wenn du dir selbst die Karten legst, weil du eine Frage zu deinen schulischen Erfolgen hast, und die Herrscherin in einer Position der »Hilfe« auftaucht, so kann das durchaus bedeuten, dass du von deiner Mutter Unterstützung bekommst. Allgemeiner gefasst kann die Herrscherin darauf hindeuten, dass jemand – der Fragende selbst oder auch eine andere Person – mütterliches Verhalten an den Tag legt.

Umgekehrt gibt sie ihre Leidenschaftlichkeit auf und entscheidet sich für einen sachlicheren Zugang zum Leben beziehungsweise zu einer speziellen Situation. Die betreffende Person wird vielleicht rücksichtsvoller, vorsichtiger und weniger bereit, alles der Liebe zu opfern (oder sollte es werden). Manchmal besteht die Bedeutung auch darin, lieber zu Hause zu bleiben und zu lernen, statt in die schöne Natur hinauszugehen. Die umgekehrte Herrscherin kann auf Konflikte des Fragenden mit seiner Mutter oder auf Zurückweisung durch sie hindeuten. Bevor wir uns aber an eine solche Interpretation heranwagen, sollten wir uns immer vergewissern, was die anderen Karten aussagen.

IV

DER HERRSCHER

☆ ☆ ☆ ☆ ☆ ☆ ☆

SCHLÜSSELBEGRIFFE
Struktur, Autorität, Kontrolle, Entscheidungen, Regeln

ASTROLOGIE
Widder

NOTE
C

GABE
Struktur

HERAUSFORDERUNG
Übermäßig viele Regeln

Im englischen Sprachraum trägt das Sternzeichen Widder die Bezeichnung »Aries«, was auf den griechischen Kriegsgott Ares zurückgeht, der im alten Rom den Namen Mars trug. In den Mythen, die sich um Ares und Aphrodite ranken, sind sie kein Ehepaar, sondern haben eine stürmische Liebesaffäre. Der Herrscher im Tarot trägt zwar auch die Rüstung eines Kriegers, legt aber weniger Ausgelassenheit an den Tag. Dafür wirkt er sehr dominant. Schau dir noch einmal kurz die Herrscherin an und achte dabei auf den üppigen Garten und den Fluss im Hintergrund. Bei ihrem Partner ist nur eine öde Wüste mit zwei mageren Rinnsalen zu sehen, so als hätte sein Kontrollbedürfnis sein Land jeglicher Spontaneität und Freude beraubt.

Wir sollten aber auch nicht überkritisch werden. (Für viele Leute gehört der Herrscher zu den Karten, die sie am wenigsten mögen.) Das Leben verlangt uns oft genau das ab, was es repräsentiert, nämlich die Fähigkeit, Verantwortung zu übernehmen, vorauszuplanen und uns selbst sowie unser jeweiliges »Territorium« zu verteidigen. Während die Herrscherin emotional ist, steht der Herrscher für Rationalität. Das macht zwar nicht so viel Spaß, wenn die Situation es aber erfordert, kann es mehr bringen, als sich kopfüber in die Leidenschaft zu stürzen.

Der Herrscher ist die Lieblingskarte einer Freundin von mir. Als sie etwa acht war, kam sie eines Tages weinend aus der Schule nach Hause. Ihr Vater saß mit der Zeitung in seinem Sessel, ein bisschen wie der Herrscher mit seinem Zepter auf dem Thron. »Was ist denn mit dir los?«, fragte er, ohne aufzustehen.

»Billy hat mich gehauen«, sagte sie und erwartete, dass ihr Vater sie in den Arm nehmen, streicheln und so etwas sagen würde wie »Lass mal Schätzchen, diesen Billy knöpf ich mir schon vor«.

Stattdessen blieb er einfach in seinem Sessel hocken und meinte: »Hast du dich gewehrt?«

Verblüfft sagte sie nur: »Nein.«

»Und warum nicht?«

Einen Moment lang suchte sie nach einer passenden Antwort, die ihren Papa dazu bringen würde, das Richtige zu tun, nämlich die Sache in die Hand zu nehmen und sie zu beschützen. Schließlich sagte sie: »Er ist doch viel größer als ich.«

»Na«, meinte ihr Vater, »dann hättest du eben einen Stock nehmen müssen.«

Da ging sie los und suchte Billy. Von diesem Tag an, erzählte sie mir, habe sie sich nie wieder darauf verlassen, dass ein Mann sie verteidigen oder für sie kämpfen würde.

Als ich diese Geschichte einmal in einem Seminar erzählte, wurde eine Teilnehmerin richtig gehend böse auf mich, weil sie meinte, ich würde Gewalt befürworten. Das stimmt natürlich nicht. Hier geht es weder um Gewalt noch auch nur um Selbstverteidigung. Das Thema des Herrschers ist die Fähigkeit, Verantwortung für sich zu übernehmen.

Genau wie die Herrscherin kann auch der Herrscher sowohl für einen Mann als auch für eine Frau stehen. Und so, wie sich die vorhergehende Karte unter Umständen tatsächlich auf die Mutter bezieht, kann der Herrscher auch die Bedeutung des Vaters haben. Ob diese spezielle Interpretation richtig ist, weiß man in der Regel intuitiv, das heißt, sie drängt sich einem gegebenenfalls auf, wenn man die Karte betrachtet.

Der Herrscher kann auf einen sehr verantwortungsbewussten Menschen hinweisen, dem vielleicht ein bisschen mehr Spontaneität nicht schaden könnte und der ruhig auch etwas offener für Spaß und Vergnügen sein dürfte. Er ist unter Umständen schwer von seiner Meinung abzubringen und hat gern alles unter Kontrolle, man kann sich aber hundertprozentig auf ihn verlassen.

Der Herrscher steht für Struktur. Wenn dein Leben das reine Chaos ist und der Herrscher in den Karten erscheint, ist es möglicherweise an der Zeit, dass du dein Zimmer aufräumst (nicht weil die Eltern es so wollen, sondern nur für sich selbst), einen Plan aufstellst, Verabredungen absagst, die nicht unbedingt nötig sind, kurz: dass du die Kontrolle übernimmst.

Der Herrscher steht auch für Regeln. Damit haben viele Leute Schwierigkeiten. Die einen halten sich total an die Regeln und bringen nie den Mut auf, sie auch einmal zu brechen, und die anderen brüsten sich damit, dass sie sich jeder Vorschrift widersetzen. Ich finde, beide Gruppen sind gleichermaßen Sklaven des Herrschers. Weder die einen noch die anderen sind in der Lage, die Regeln zu überwinden und sich eine eigene Meinung zu bilden. Wenn der Herrscher in den Karten liegt, solltest du immer überlegen, ob er sich auf irgendeine spezielle Vorschrift bezieht oder auf Regeln im Allgemeinen.

Umgekehrt wird er weicher und emotionaler. Dann kommt seine mitfühlende Seite zum Vorschein, und er sorgt sich mehr um Empfindungen als um Regeln und Pläne. Er kann aber auch auf Schwierigkeiten mit Entscheidungen oder eindeutigem Handeln hindeuten. Spezifische Bedeutung: Probleme mit dem Vater.

V

DER HIEROPHANT

☆ ☆ ☆ ☆ ☆ ☆ ☆

SCHLÜSSELBEGRIFFE
Bildung, Lehrer, Ideen, Spiritualität, traditionelle Glaubensmuster

ASTROLOGIE
Stier

NOTE
C#

GABE
Lehre(n)

HERAUSFORDERUNG
Starre Überzeugungen

In gewisser Hinsicht ist eher der Hierophant Partner des Herrschers als seine Frau, die Herrscherin. Beide kümmern sich um Strukturen und Regeln, beide schreiben anderen gern vor, was sie tun sollen. Während sich aber der Herrscher mehr auf die Gesetze konzentriert, ist der Hierophant eher der Hüter der Traditionen. Die Karte zeigt zwar einen Priester, genauer gesagt den Papst (ursprünglich hieß sie auch so, wie es in Italien und Frankreich heute noch der Fall ist), kann aber für jede Art von Lehre und Bildung stehen. Daher ist sie gut geeignet, Themen wie Schule und Lehrer aufs Tapet zu bringen.

Im Idealfall repräsentiert der Hierophant einen Lehrer, der seine Schüler inspiriert und ihnen mehr beibringt als erforderlich wäre, damit sie die Standardanforderungen der Schule erfüllen können. In Filmen kommen solche Leute ständig vor, manchmal gibt es sie aber auch im wirklichen Leben. Wie wichtig sie für uns sind, bemerken wir mitunter erst, wenn wir Jahre später an die Schulzeit zurückdenken. Diese Lehrer verlangen ihren Schülern viel ab, sie behandeln sie aber auch wie Menschen und nicht wie zu behauende Steine.

Ein inspirierender (und inspirierter) Lehrer repräsentiert das Beste des Hierophanten als Symbol für Bildung und Erziehung. Die Karte steht zugleich aber auch für das Schulsystem, und dann kann es um Probleme mit Anpassung, standardisierten

Tests und anderen Anforderungen beziehungsweise Regeln gehen (insbesondere wenn sie mit dem Herrscher oder mit dem König der Schwerter zusammen auftritt). Wenn du jemandem zum Thema »Schule« die Karten legst und der Hierophant in der Position von Problemen auftritt, solltest du überlegen, inwiefern die betreffende Person in Konflikt mit den Vorschriften, einem speziellen Lehrer oder einem Vertreter der Schulbehörden stehen könnte.

Abgesehen von schulischen Fragen kann der Hierophant aber auch auf einen Weg verweisen, der der betreffenden Person von anderen vorgezeichnet wird. Manchmal erwarten die Eltern oder unter Umständen auch Freunde von dir, dass du dich auf eine bestimmte Art und Weise verhältst oder sogar dein ganzes Leben so planst, wie sie es sich vorstellen. Achte einmal auf die beiden Schüler auf dem Bild. Sie knien vor dem Hierophanten, als würden sie hundertprozentig das tun, was er ihnen sagt, und keinerlei eigene Entscheidungen treffen. Die zwei gekreuzten Schlüssel zwischen ihnen gehen auf den biblischen »Schlüssel zum Königreich« zurück. »Vertraut auf mich«, scheint der Hierophant zu sagen. »Haltet euch einfach an alles, was ich sage, und euch wird großer Lohn zuteil.« Und manchmal hat er damit sogar Recht. Manchmal stellen sich die altbewährten Vorstellungen des Hierophanten tatsächlich als die besten heraus. Vielleicht aber willst du doch lieber deinen eigenen Weg finden.

All diese Überlegungen machen die Karte zum Sinnbild eines weisen Lehrers, der die Menschen davon überzeugt, sich einer traditionellen Lehre anzuschließen. Achte darauf, dass die Säulen, zwischen denen der Thron steht, beide grau sind und nicht, wie bei der Hohepriesterin, eine hell und eine dunkel. Während sie für innere Wahrheiten steht, repräsentiert der Hierophant äußere Vorstellungen und Ideen. Die Hohepriesterin aber hat keine Anhänger. Niemand kniet vor ihr, denn zu sagen hat sie nichts, jedenfalls nichts, was man mit Worten ausdrücken könnte. Der Hierophant dagegen symbolisiert nützliches Gedankengut, das wir in die Praxis umsetzen können. Auch wenn wir uns letzten Endes anders entscheiden, ist es durchaus sinnvoll zu hören, was er zu sagen hat.

Das Wort »Hierophant« geht auf die altgriechische Bezeichnung des Leiters einer für das Altertum höchst bedeutenden Zeremonie zurück, die alle fünf Jahre abgehalten wurde und sich über eine ganze Woche erstreckte. Diese »Mysterienspiele», wie sie genannt wurden, waren der Göttin Persephone gewidmet, die nach ihrem Tod ins Leben zurückkehrte. Die Granatäpfel, die hinter der Hohepriesterin abgebildet sind, setzen sie mit dieser Göttin gleich und damit auch mit der höchsten Stufe seelischer Wahrheit. Der Hierophant dagegen lenkte das eigentliche Geschehen. »Hierophantos« (so der griechische Ausdruck) bezeichnet denjenigen, der die wichtigen Dinge zeigt und ihre Bedeutung erläutert. Er hilft uns zu verstehen.

Im besten Fall offenbart uns der Hierophant Wunder, Weisheit beziehungsweise Erfahrung oder Gedanken, auf die wir allein nie kommen würden. Dann ist er der ideale Lehrer. Im schlimmsten Fall aber verlangt er von uns, dass wir ihm blind gehorchen.

Umgekehrt steht der Hierophant für Nonkonformismus. Man geht seinen eigenen Weg und richtet sich nicht nach den Vorstellungen anderer Leute. Das hört sich nicht schlecht an, was aber, wenn deren Ideen gar nicht so übel sind? Wenn wir von ihren Erfahrungen profitieren könnten? Auf dem Kopf stehend deutet der Hierophant auf Leichtgläubigkeit hin. Man glaubt alles, was im Mäntelchen der Rebellion oder als besonders cool daherkommt. Von den traditionellen Lehren des Hierophanten hat man sich gelöst, eigenständig zu denken hat man aber noch nicht gelernt.

Umgekehrt kann der Hierophant nicht zuletzt auch auf Konflikte oder Kämpfe mit Autoritätspersonen hinweisen, besonders im schulischen Bereich.

VI

DIE LIEBENDEN

☆ ☆ ☆ ☆ ☆ ☆ ☆

SCHLÜSSELBEGRIFFE
Liebe, Beziehung, Wahl, Wachstum, Sexualität

ASTROLOGIE
Zwillinge

NOTE
D

GABE
Beziehung

HERAUSFORDERUNG
Liebe zur falschen Person

Die Liebenden. Unser aller Lieblingskarte. Auch wenn wir nicht nach jemand Speziellem fragen, ist diese Karte und alles, was sie in puncto Liebe oder Sex impliziert, aufregend. Wenn du schon einen Freund beziehungsweise eine Freundin hast, bestätigt sie: »Was für eine tolle Beziehung. Daraus kann etwas ganz Besonderes werden.« Und wenn du im Moment allein bist, verheißen die Liebenden, dass bald etwas Wunderschönes geschieht.

Diese Karte gehört zu den symbolträchtigsten und bedeutungsreichsten des gesamten Tarots und man könnte ohne Weiteres ein ganzes Buch nur über dieses eine Motiv schreiben.

In älteren Ausgaben war Amor zu sehen, der mit seinem Pfeil auf einen jungen Mann zielte, der zwischen zwei Frauen stand. Dieses Bild implizierte jugendliche Sexualität, aber auch die Fähigkeit, eine Wahl zu treffen, denn vermutlich musste sich der Mann bald für eine der beiden Frauen entscheiden. Nach Karten, die für Mutter, Vater und Erziehung stehen (Herrscherin, Herrscher, Hierophant), verweisen nun die Liebenden auf die Jugendjahre, in denen wir beginnen, unsere eigenen Entscheidungen zu treffen, und das fängt mit der Frage an, wen wir attraktiv finden.

Folglich können sich die Liebenden auf alle wichtigen Entscheidungen beziehen, auch wenn diese nicht das Geringste mit Romantik zu tun haben. So kann diese Karte in einer Sitzung, in der es um die Uni geht, beispielsweise aussagen, dass man gleich an zwei guten Hochschulen angenommen wird und sich für eine entscheiden muss. Aber natürlich kann sie auch bedeuten, dass man gleich im ersten Ausbildungsjahr den Mann oder die Frau seiner Träume kennen lernt. Den Ausschlag geben dann die anderen Karten (mehrere Romantikkarten deuten eher auf eine Beziehung hin, Arbeits-, Lern- oder Geldkarten dagegen auf die Entscheidung für eine der beiden Hochschulen).

Heutzutage ist die Karte anders gestaltet und lässt neue Bedeutungen zu, aber die alten sind immer noch gültig. Dass die früheren Bedeutungen nicht völlig verschwinden, ist eines der Geheimnisse des Tarots. Die Bandbreite der Interpretationsmöglichkeiten nimmt im Laufe der Zeit immer mehr zu.

Das Bild, das wir hier verwenden, entstammt, wie die anderen Karten auch, dem nach seinem ursprünglichen Verleger benannten Rider-Tarot, der vor ungefähr einhundert Jahren von Arthur Edward Waite gestaltet wurde. Von allen Karten der Großen Arkana hat er die Liebenden wahrscheinlich am dramatischsten verändert: Aus einem jungen Mann, der jeden Moment von Amors Pfeil getroffen werden kann und sich entscheiden muss, wurde ein reifes (nacktes) Paar, gesegnet von einem Engel.

Achte einmal auf die beiden Bäume, den mit den glutroten Blättern hinter dem Mann und den Apfelbaum mit der Schlange hinter der Frau. Erinnert dich das vielleicht an irgendetwas? Das Bild zeigt Adam und Eva mit den beiden berühmten Bäumen, dem Baum des Lebens und dem Baum des Wissens. Bestimmt kennst du die Geschichte: Mit einem Trick wird Eva von der Schlange verleitet, den Apfel zu essen, sie überredet Adam, es ihr gleich zu tun, und dann werden beide aus dem Paradies vertrieben. Ein Engel mit einem Feuerschwert steht Wache und sorgt dafür, dass sie sich nicht wieder einschleichen können.

In unserem Fall aber stehen die beiden vor den Bäumen und der Engel segnet sie. Die Geschichte aus der Sonntagsschule hat sich in etwas sehr viel Positiveres verwandelt. Es ist ganz hilfreich zu wissen, dass Wissen im Lebensbaum der Kabbala, auf der vieles im Tarot beruht, eine bedeutende Rolle spielt. Ohne uns hier allzu intensiv mit Symbolen beschäftigen zu wollen, können wir sagen, dass der Pfad der Liebe zur Weisheit führt. (Wer sich für die Zusammenhänge von Tarot und Kabbala interessiert, hat vielleicht Lust, sich einmal mein Buch *The Kabbalah Tree* anzusehen.) Weisheit – ist es nicht letztlich das, was wir uns von der Liebe versprechen? (Ein bisschen Spaß aber natürlich auch.)

Ausgesprochen wichtig ist die Körperhaltung der drei Figuren. Der Mann schaut die Frau an, die ihr Gesicht dem Engel zugewandt hat, der wiederum seine Hände so hält, als wolle er beide segnen. Stell dir vor, dass Energie vom Mann über die Frau zum Engel fließt. Bestimmt erinnerst du dich auch noch an die traditionelle Vorstellung, dass der Mann den bewussten Verstand repräsentiert und die Frau das Unbewusste. Die Frau ist es, die den Blickkontakt mit dem Engel hat, und nicht der Mann. Das bedeutet nichts anderes, als dass das normale rationale Denken seine Grenzen hat. Wenn wir wirklich ein höheres Level erreichen wollen – das, was die Anhänger des Tarots manchmal als Suprabewusstsein bezeichnen –, dann geht das nur mithilfe der Instinkte und Gefühle. Und mithilfe der Liebe.

Sicher fallen uns bei dieser Karte zuerst einmal Beziehungen und romantische Verbindungen ein; sie kann aber genauso gut auch in einer Sitzung auftreten, bei der es um ein größeres Projekt geht, in das jemand involviert ist. In diesem Fall stehen die Liebenden für unsere Fähigkeit, uns sowohl des rationalen Denkens als auch der Instinkte zu bedienen.

Umgekehrt können die Liebenden bedeuten, dass eine Beziehung nicht besonders gut läuft, dass die Kommunikation zwischen zwei Menschen gestört ist oder einer dem anderen wehtut. Manchmal kommt Eifersucht ins Spiel oder die beiden verfolgen unterschiedliche Ziele. Es kann auch einfach heißen, dass Romantik im Moment nicht auf der Tagesordnung steht, besonders wenn die Liebenden zusammen mit dem Eremiten oder anderen Karten auftreten, die für Alleinsein stehen.

VII

DER WAGEN

Mit den Tarotkarten kann man auch zaubern. Nicht wie im Fernsehen, sondern ganz einfach. Wenn du dir eine bestimmte Eigenschaft wünschst, die du in einer der Karten wiederfindest, nimmst du sie heraus, betrachtest sie von Zeit zu Zeit und denkst dabei an den Wesenszug, den du an dir herausarbeiten möchtest. Schau dir die betreffende Karte morgens nach dem Aufstehen und abends vor dem Schlafengehen an. Steck sie dir in deine Aktentasche oder in den Rucksack und nimm sie ruhig auch zwischendurch immer mal wieder zur Hand. Gerate aber nicht gleich aus dem Häuschen und erwarte auch nicht, dass der Blitz einschlägt und dein ganzes Leben verändert. Stell dir lieber vor, dass du einen Teil von dir aktivierst, der schon vorhanden ist und nur ein wenig belebt werden muss.

Wie du die dafür richtige Karte findest? Schau sie dir durch und achte darauf, welche dir auf den ersten Blick wie das vollkommene Bild dessen vorkommt, was du anstrebst. Abgesehen davon hat traditionell natürlich auch jede Karte ihre ganz spezielle Bedeutung. Wenn dir also zum Beispiel an größerer Willenskraft gelegen ist, solltest du dir die Karte mit der Nummer VII anschauen. Der Wagenlenker steht wie ein Fels in der Brandung da, hat sein Leben fest im Griff. Die schwarze und die weiße Sphinx stellen Probleme und Konflikte dar, die

☆ ☆ ☆ ☆ ☆ ☆ ☆

SCHLÜSSELBEGRIFFE
Wille, Sieg, Leistung, Held, Selbstvertrauen

ASTROLOGIE
Krebs

NOTE
E^{b}

GABE
Willenskraft

HERAUSFORDERUNG
Arroganz

Schwierigkeiten verursachen können, aber er hält sie ohne Zügel in Schach, einfach nur durch die schiere Kraft seines Willens. Er ist überhaupt nicht aggressiv und trägt zwar eine Rüstung, aber eigentlich keine Waffen. Brenzliger Situationen wird er dank seines Selbstvertrauens Herr, und weil er fest davon überzeugt ist, dass er die richtige Lösung schon finden wird, die dann auch die anderen akzeptieren.

Mit Willen assoziiert man häufig Zähnezusammenbeißen, Muskelnanspannen und sich sagen »Ich schaff das schon, ich krieg das gebacken«. Und tatsächlich deutet die Rüstung des Wagenlenkers manchmal auch auf einen Menschen hin, der sich von seinen Gefühlen abschneidet, um die Kontrolle nicht zu verlieren. Letztlich aber steht der Wille, den diese Karte verkörpert, für die Fähigkeit, seine Energie zu konzentrieren und an sich zu glauben.

Man kann die einundzwanzig Karten der Großen Arkana, der Reise des Narren, auch als drei Gruppen von je sieben Motiven sehen. Als siebte Karte und damit als letzter Trumpf der ersten Gruppe bedeutet der Wagen Sieg und Erfolg. Das kann ein Symbol für so etwas Simples sein wie ein Tag, an dem alles glatt geht und man sich fühlt, als sei nichts unmöglich. Repräsentiert der Wagen aber nicht den Fragenden, sondern etwa einen (potenziellen) Freund beziehungsweise eine Freundin, dann ist die betreffende Person stark, attraktiv und verfügt darüber hinaus über eine Menge Selbstvertrauen. Möglicherweise tut sie sich aber schwer damit, auch einmal eine Schwäche einzugestehen oder einen Zweifel zuzulassen.

Nüchterner betrachtet kann der Wagen auch für ein Fahrzeug stehen. Möglicherweise repräsentiert er einen Autoliebhaber beziehungsweise jemanden, der beruflich mit Autos zu tun hat oder Rennen fährt. Wenn du bald die Fahrprüfung ablegst oder vorhast, dir für eine besondere Gelegenheit den Wagen deines Vaters auszuleihen, kannst du diese Karte als gutes Omen betrachten.

Umgekehrt verliert der Wagenlenker allmählich seine Rüstung. Das Selbstvertrauen schwindet, zugleich aber öffnet sich die betreffende Person und lässt sich auch einmal helfen. Manchmal ist der umgekehrte Wagen ein Zeichen dafür, dass die Probleme für einen Menschen zu groß werden, ganz so, als zögen die beiden Sphingen in entgegengesetzte Richtung und der Wagenlenker könne sie nicht mehr im Zaum halten. Die richtige Reaktion wäre dann vielleicht der simple Akt des Geschehenlassens, die Aufgabe der Kontrolle. »Simpel« ist in diesem Fall nicht gleichbedeutend mit »einfach«, und schon gar nicht für Leute, die gewöhnt sind, ihren Willen durchzusetzen. Andere Karten deuten vielleicht auf alternative Ansätze hin. Dann können wir sie, genau wie auch den Wagen selbst, nutzen, um die entsprechenden Wesenszüge herauszuarbeiten. Der umgekehrte Wagen kann aber natürlich auch bedeuten, dass du das Auto, das du dir so sehr wünschst, nicht bekommst.

VIII

Kraft

☆ ☆ ☆ ☆ ☆ ☆ ☆

SCHLÜSSELBEGRIFFE
Freundlichkeit, Ruhe, Mut, Glauben, Offenheit

ASTROLOGIE
Löwe

NOTE
E

GABE
Innere Stärke

HERAUSFORDERUNG
Selbstaufopferung

Wie der Wagen den Autofreak symbolisiert, so kann die Kraft (besonders wenn sie mit der Königin der Stäbe zusammen auftritt) für einen Menschen stehen, der Tiere liebt, vor allem Katzen.

Und jenseits dieser unmittelbaren Bedeutung? Denk an die Geschichte. Der Narr hat eine Etappe seiner Reise abgeschlossen. Jetzt scheint er erwachsen zu werden, als tapferer, heldenhafter Wagenlenker sein Schicksal in die Hand zu nehmen. Innerlich aber bleibt er der Narr, der ewige Kindskopf, bereit, jederzeit alles aufzugeben und etwas Neues anzufangen. Aber selbst ein Narr braucht Kraft, um Erfolg (und Bewunderung) den Rücken kehren zu können.

Was aber bedeutet in diesem Zusammenhang eigentlich »Kraft«? Mit schwellenden Muskeln, die große Gewichte stemmen, hat das Bild offensichtlich nichts zu tun. Ursprünglich allerdings schon. In den ersten Versionen zeigte diese Karte, wie Herakles (Herkules) einen Löwen erschlägt. Das war eine seiner »zwölf Arbeiten«, die vermutlich den zwölf Tierkreiszeichen entsprachen. Der Löwe ist auch heute noch auf der Karte abgebildet. Wie aber wurde aus dem Helden des Altertums eine Frau, die dem Löwen ganz sanft das Maul zuhält?

Das ist das Merkwürdige. Im Grunde ist die Geschichte von der Frau und dem Löwen viel, viel älter als die von Herkules.

In den frühen Kulturen der Menschheit wurden eher Göttinnen verehrt als Götter, und eine der ältesten Steinmetzarbeiten, die uns bekannt sind, sie ist mehr als achttausend Jahre alt, zeigt eine mächtig wirkende Frau, die auf einem Stuhl sitzt, flankiert von zwei Löwen. Und auch noch im Römischen Reich, also erst vor zwei-, dreitausend Jahren, zogen die Priester der Göttin Kybele, der »Großen Mutter der Götter«, ein Abbild von ihr in einem Wagen, der von Löwen gezogen wurde (eine Erinnerung an die beiden Sphingen auf der vorigen Karte), durch die Straßen. Diese alten Bilder zeigen, dass innere Kraft, Charakterstärke, Liebe und Offenheit tiefer gehen als die energische Art und der entschlossene Willen des Wagen(lenker)s.

Manche Leute sagen, die Frau auf dem Bild hielte dem Löwen das Maul zu, für andere öffnet sie es und bringt das Tier zum Sprechen. (Was meinst du?) In jedem Fall ist der Löwe ein Symbol für Leidenschaft beziehungsweise inneren Gefühlsaufruhr. Und die Frau tritt wie eine Löwenbändigerin auf, die das Tier nicht mit Gewalt zähmt, sondern mit Liebe. Wenn wir uns in einer Situation befinden, in der wir das Gefühl haben, von unseren Emotionen vollkommen überwältigt zu werden, wenn wir nur noch schreien, heulen oder weglaufen wollen und dann die Kraft in unseren Karten auftaucht, mahnt sie uns, einmal tief durchzuatmen und darauf zu vertrauen, dass uns unsere Instinkte und unser Selbstvertrauen schon den richtigen Weg weisen werden. Du musst aber gar nicht so lange warten, bis sie in einer Sitzung erscheint. Wenn du meinst, es seien genau diese Eigenschaften, die du brauchst, dann kannst du dir die Karte auch heraussuchen, sie in die Hand nehmen und einfach betrachten. Atme ein paar Mal tief ein und aus und lass die Ruhe und Sanftheit des Bildes in dich einströmen. Trag die Karte bei dir und schau sie dir auch abends vor dem Zubettgehen noch einmal an. Sie wird dir helfen, deine eigene innere Kraft zum Vorschein zu bringen.

Im Zusammenhang mit dem Wagen haben wir schon einmal davon gesprochen, dass man die 21 Trümpfe auch als drei Siebenergruppen verstehen kann. Als erste Karte einer neuen Sequenz steht die Kraft mit dem Magier in Verbindung. (Wenn du die Karten in Siebenerreihen auslegst, befindet sie sich unmittelbar darunter.) Beide haben das Zeichen der Unendlichkeit über dem Kopf, das natürlich an eine liegende Acht erinnert, die Zahl der Kraft. Innere Kraft, das Grundmerkmal von Liebe und Vertrauen, hat kein Ende.

Manchmal repräsentiert diese Karte auch die Fähigkeit, anderen zu helfen, besonders in Krisenzeiten. Aber angenommen, sie tritt an der Stelle von etwas auf, das du vermeiden möchtest (siehe dazu das Kapitel über Legesysteme)? Was wäre schon gegen Kraft einzuwenden? Vielleicht kannst du nicht immer die Starke sein, diejenige, die ständig allen anderen hilft. Vielleicht musst du auch einmal eine Schwäche zeigen und jemanden um etwas bitten. Das Allerwichtigste, was wir vom Tarot lernen können, ist, dass keine Eigenschaft nur gut oder nur schlecht ist. Die Bedeutung ergibt sich jeweils aus dem Zusammenhang.

Umgekehrt bedeutet Kraft Schwäche. Das hört sich plausibel an, aber was ist hier genau unter »Schwäche« zu verstehen? Du findest es vielleicht am besten selbst heraus. Manchmal spiegelt die umgekehrte Kraft Zweifel und Ängste, während in anderen Fällen die Leute von ihren Gefühlen überwältigt werden. Das ist aber möglicherweise gar nicht so verkehrt. Vielleicht muss die betreffende Person das einmal zulassen und nicht ständig versuchen, immer gut, stark und hilfsbereit zu sein.

IX

DER EREMIT

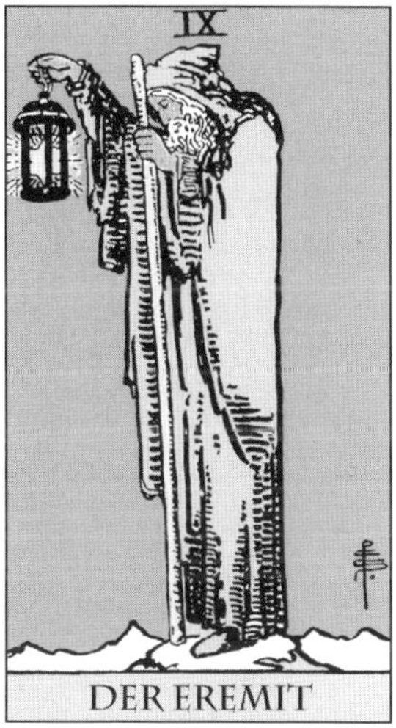

☆ ☆ ☆ ☆ ☆ ☆ ☆

SCHLÜSSELBEGRIFFE
Einsamkeit, Weisheit, Suche, weiser Lehrer, Rückzug, Reife

ASTROLOGIE
Jungfrau

NOTE
F

GABE
Zeit für sich

HERAUSFORDERUNG
Isolation

Heutzutage verwenden wir den Begriff »Eremit« für merkwürdige Gestalten, die ständig allein sind und kein Interesse an Gesellschaft zu haben scheinen, die lieber zu Hause bleiben und ein Buch lesen, wenn die anderen feiern. Ursprünglich aber bezog sich das Wort auf Menschen, die sich auf der Suche nach spiritueller Weisheit an entlegene Orte begaben. Solange man sich noch mit der menschlichen Gesellschaft abgibt, einem Beruf nachgeht – und Partys feiert –, meinen manche Leute, könne man nicht herausfinden, worum es im Leben wirklich geht. Daher zeigt die Karte einen alten Mann auf dem Gipfel eines Hügels mitten in der Wüste. (Das Wort »Eremit« geht ursprünglich auf Bewohner der Wüste zurück.) Als Zeichen dafür, dass er die Wahrheit gefunden hat, und um auch anderen, die sie suchen, den Weg zeigen zu können, hat er eine Laterne in der Hand.

Du musst dich aber natürlich nicht an einen abgelegenen Ort begeben, um diese Karte würdigen zu können. Der Eremit kommt immer dann ins Spiel, wenn wir uns zurückziehen und eine Zeit lang Innenschau halten. Das kann einfach heißen, häufiger allein zu sein, über sein Leben oder ein bestimmtes Problem nachzudenken und, ja, auch das, dankend abzulehnen, wenn man auf eine Party eingeladen ist, weil man einfach lieber für sich ist. Eine besondere Botschaft kann uns der

Eremit übermitteln, wenn wir uns allzu sehr in eine Vielzahl gesellschaftlicher Verpflichtungen einbinden lassen: familiärer Druck, belastete Freundschaften, Verpflichtungen, Sport, Clubs und all die anderen Dinge, die uns von uns selbst ablenken und viel Zeit und Aufmerksamkeit in Anspruch nehmen. Dann gestattet er uns, auf Abstand zu gehen, wenigstens für eine Weile.

Er gesteht uns auch zu, dass wir eine Beziehung beenden, an der uns nichts mehr liegt, und uns auf eine neue gar nicht erst einlassen, wenn sie sich nicht richtig anfühlt. Unsere Kultur beruht zu einem sehr, sehr großen Teil auf Liebe, Sex und Pärchenwirtschaft. Oder kennst du etwa eine Sitcom, in der es um Leute geht, die nicht auf der Suche nach dem Richtigen sind? Der Eremit kann einen daran erinnern, dass es vielleicht gar nicht an dem jeweiligen Menschen liegt, dass nichts daraus wird, sondern einfach am falschen Zeitpunkt. Aktuell brauchst du eben ein bisschen Zeit für dich. Das kann in einer Woche oder einem Monat schon wieder ganz anders aussehen, im Moment aber möchtest du eben einmal das Eremitenleben ausprobieren.

Manchmal ist einem der Eremit natürlich gar nicht recht. Wenn du die Karten zum Beispiel fragst: »Ob ich in diesem Sommer wohl einen ganz tollen Typen kennen lerne?« und der Eremit taucht auf – na ja, vielleicht begegnet dir ja tatsächlich jemand echt Superkluges, der in einer Berghütte wohnt. Größer ist aber die Wahrscheinlichkeit, dass du in den Sommerferien oder auf einer bevorstehenden Urlaubsreise keinen tollen Typen kennen lernst und diese Zeit lieber für dich nutzen solltest.

Es kommt auch vor, dass der Eremit und die Liebenden zusammen in den Karten liegen. Das deutet darauf hin, dass wir uns entscheiden können, ob wir einen Partner möchten oder lieber nicht. Den jeweiligen Positionen ist zu entnehmen, was besser wäre beziehungsweise was wir uns tatsächlich wünschen.

Neben der Bedeutung des Alleinseins dürfen wir aber auch die Tradition des weisen alten Mannes nicht außer Acht lassen. Der Eremit kann nämlich auch für die Suche nach Weisheit stehen, für eine Lektion, die man gelernt hat, oder sogar für einen bestimmten Lehrer. Im Unterschied zum Hierophanten, der in aller Regel für das offizielle Schul- und Bildungswesen steht, bezieht sich der Eremit eher auf einen persönlichen Mentor und wahren Helfer.

Da die Karte einen Grauhaarigen zeigt, der schon lange genug gelebt hat, um weise geworden zu sein, deutet sie oft auch auf Reife und Verantwortungsbewusstsein hin. In der Position dessen, was der Mensch braucht, kann sie auch für die Bereitschaft stehen, Abstand zu gewinnen und die jeweilige Situation sorgfältig zu analysieren. Wenn es um den Einfluss anderer Menschen geht, kann der Eremit dafür sprechen, jemand Älteren und (vermutlich) Lebenserfahreneren um Rat zu bitten oder seine Meinung einzuholen.

Umgekehrt kann der Eremit auf das Bedürfnis verweisen, in Gesellschaft zu sein. Wenn der Fragende dazu neigt, sich abzusondern, kann das bedeuten, dass er geselliger werden und mehr Kontakt suchen sollte, sei es in Liebesdingen oder auch einfach nur freundschaftlich. Tritt der umgekehrte Eremit zusammen mit Karten der Liebe auf, insbesondere mit den Liebenden oder der Zwei der Kelche, signalisiert er ein Ende der Einsamkeit.

In Situationen, in denen es auf gesunden Menschenverstand oder auch darauf ankommt, eine Entscheidung zu treffen, ist der Eremit ein Hinweis auf das Peter-Pan-Prinzip: Da will jemand partout nicht erwachsen werden. Angst vor Verantwortung oder vor dem Alleinsein wären zwei Beispiele dafür. Wie bei jeder umgekehrten Karte hängt auch hier die exakte Bedeutung zum einen von der Situation und der Frage, die gestellt wurde, ab und zum anderen von den übrigen Karten.

X

Rad des Schicksals

RAD DES SCHICKSALS

☆ ☆ ☆ ☆ ☆ ☆ ☆

SCHLÜSSELBEGRIFFE
Veränderung, Schicksal, Umschwung, unvorhergesehene Ereignisse

ASTROLOGIE
Planet Jupiter

NOTE
B

GABE
Veränderung

HERAUSFORDERUNG
Überraschungen

Diese Karte ist die wahrscheinlich mysteriöseste – und daher am schwierigsten zu interpretierende. Die anderen zeigen alle irgendwelche Szenen, und auch wenn man nichts über Hohepriesterinnen weiß, kann man sich irgendetwas zusammenreimen. (Diese Methode, die Karten zu interpretieren, ist übrigens viel aussagekräftiger, als du vielleicht denkst.) Hier aber ist alles dermaßen symbolisch und mythologisch, dass viele nur den Kopf schütteln.

Merkwürdigerweise passt diese Reaktion sogar irgendwie zu dieser Karte, denn sie steht für einen Umschwung, für plötzliche und unerwartete Ereignisse. Sie kann aber auch Schicksal beziehungsweise Karma bedeuten, also Ereignisse, deren Ursachen nicht bekannt sind. Alles hat seinen Grund, im Moment aber kennen wir ihn noch nicht. Jedenfalls wissen wir nichts im Voraus, daher das Mysteriöse.

Wenn man sie jedoch entschlüsseln kann, ergibt auch diese Karte durchaus Sinn. Zunächst einmal können wir sie neben die Karte XXI stellen, Die Welt.

Im Englischen haben die beiden Wörter sogar eine gewisse Ähnlichkeit: Wheel (Rad) und World (Welt). Was aber noch wichtiger ist: Das, was beim Rad des Schicksals aussieht wie Elemente einer symbolischen Bildergeschichte, zum Beispiel die vier geflügelten Tiere mit ihren Büchern, wird in der

»Welt«-Karte bedeutend realer. Das Runde des Rades wird zum Kranz um die Tänzerin herum, die selbst wiederum aus den ganzen Buchstaben und Zeichen hervorgeht. Das heißt, dass das Rad des Schicksals auf Teilinformationen hindeutet. Eine Situation kommt uns verwirrend vor, weil wir nicht alle Fakten kennen oder aber nicht alles unternommen haben, was erforderlich wäre, um sie zu verstehen.

Das Bild geht im Grunde auf das Mittelalter zurück. Die Sagen um König Artus erzählen von einem Traum, in dem ein König oben auf einem Rad steht, sehr mächtig und voller Selbstvertrauen. Dann aber dreht sich plötzlich das Rad, der König rutscht ab und wird zerquetscht. Dieser »Traum« sollte die Menschen lehren, nicht hochmütig zu werden. Man mag reich, erfolgsverwöhnt und bewundert sein, das ist aber noch lange keine Garantie dafür, dass das auch so bleibt.

Die vier Figuren in den Ecken entstammen der christlichen Tradition, die die vier Evangelisten Matthäus, Markus, Lukas und Johannes mit den vier »fixen« Zeichen des Tierkreises in Verbindung bringt, nämlich Wassermann (der Engel oben links), Skorpion (der Adler oben rechts), Löwe (unten rechts) und Stier (unten links). Die Sphinx ist ein Symbol für Weisheit. Die Schlange und der Mensch mit dem Tierkopf sind der ägyptischen Mythologie entlehnt. Seth, der Schlangengott, tötete den guten Gott Osiris, dann aber half Anubis, der Gott mit dem Kopf eines Schakals, ihn wieder lebendig zu machen. Nach unten dreht sich das Rad, um zu zerstören (wie der König am Boden zerquetscht wurde); geht es wieder nach oben, so bedeutet es Wiedergeburt. Daher schenkt uns letztlich selbst diese Karte, wie der Tarot insgesamt, immer auch Hoffnung.

Die Symbole im Inneren des Rades gehen auf Alchimie und Kabbala zurück. Beachte aber auch die lateinischen Buchstaben, die in den vier Himmelsrichtungen stehen: ROTA. Das ist die lateinische Bezeichnung für »Rad«. Je nachdem, wo wir beginnen, ergeben sich aus den Buchstaben auch die Worte TARO (Tarot), ORAT (lat.: »spricht«), TORA (das jüdische Gesetz, die Schriftrolle, die die Hohepriesterin in der Hand hält) und ATOR (eine ägyptische Göttin des

Lebens). Daraus lässt sich der Satz bilden: ROTA TARO ORAT TORA ATOR, das Rad des Tarots spricht das Gesetz des Lebens. Einfach ausgedrückt besagt dieses Gesetz: Nichts ist festgelegt, alles kehrt wieder, nichts hat für immer Bestand. Das Rad des Schicksals bedeutet Veränderung, besagt, dass etwas Neues auf den Plan tritt. Steuern können wir es nicht, weil wir im Vorhinein nichts wissen.

Legen wir uns die Karten denn aber nicht gerade, weil wir herausfinden möchten, was geschehen wird? In der Tat vermögen sie uns einen Eindruck davon zu vermitteln, wie sich die Dinge wahrscheinlich entwickeln werden. Und die Karten, die um das Rad des Schicksals herum liegen, können ebenfalls Hinweise geben. Manchmal müssen wir die Dinge nehmen, wie sie kommen.

Umgekehrt hat das Rad des Schicksals nicht unbedingt Pech und Unglück zu bedeuten. Einer bestimmten Tradition zufolge gilt es sogar als gutes Zeichen, da sich der arme am Boden zerstörte König nun anschickt, wiedergeboren zu werden. Mithin können sich die Dinge durchaus zum Besseren wenden. Eine andere Interpretationsmöglichkeit besteht darin, dass ein Mensch nicht bereit ist, Veränderungen zu akzeptieren, und versucht, Widerstand zu leisten. Wir müssen uns eben immer wieder das Gesetz des Lebens vor Augen führen: Nichts bleibt so, wie es ist.

XI

GERECHTIGKEIT

☆ ☆ ☆ ☆ ☆ ☆ ☆

SCHLÜSSELBEGRIFFE
Wahrheit, Gerechtigkeit, Fairness, Ehrlichkeit, Ausgewogenheit

ASTROLOGIE
Waage

NOTE
F#

GABE
Selbsterkenntnis

HERAUSFORDERUNG
Selbstakzeptanz

Hast du schon einmal ein Standbild der Justitia vor einem Gerichtsgebäude gesehen? Gewöhnlich trägt sie eine Augenbinde, und ihre Waage schlägt in die eine oder andere Richtung aus. Die Augenbinde soll bedeuten, dass Urteile auf der Grundlage von Tatsachen gefällt werden und dass persönliche Erwägungen dabei keine Rolle spielen; die Waagschale neigt sich, weil Fälle nun einmal so oder so entschieden werden. Die quasi »spirituelle« Gerechtigkeit im Tarot trägt keine Augenbinde, weil jeder sich selbst ganz ehrlich ins Auge schauen und auch die Lage, in der er sich befindet, in aller Nüchternheit beurteilen muss. Beide Waagschalen sind im Gleichgewicht, weil es uns mehr um die Wahrheit geht als darum, wer gewinnt und wer verliert.

Um ermessen zu können, was das bedeutet, stellst du dir am besten eine reale Situation vor. Angenommen, dein Partner trennt sich von dir. Darauf gibt es gewöhnlich zwei verschiedene Reaktionen. Entweder man beschuldigt den Ex – »Dieser Mistkerl, der hat schon immer jedem Rock nachgeglotzt, der hat mich überhaupt nicht verdient!« – oder, man nimmt die ganze Schuld auf sich – »Ich Trottel! Hätte ich bloß nicht ständig so Druck gemacht, dann wäre er nicht gegangen. Ich finde nie jemanden, der mich liebt.« Nun hat er vielleicht wirklich anderen Frauen nachgeschaut, und vielleicht hast du ihn tatsächlich zu sehr unter Druck gesetzt. Darum geht es aber gar nicht. Nie ist einer allein schuld. Wenn wir wirklich verstehen oder wenigstens akzeptieren wollen, was los ist, müssen wir anfangen, genau hinzugucken. Wir müssen die Waagschalen zwischen uns und den anderen Menschen in unserem Leben ausbalancieren.

Möglicherweise sind deine Eltern in ihrer Kritik an dir zu streng oder sie setzen dir zu enge Grenzen. Vielleicht wirst du von einem Lehrer ungerecht behandelt. Oder du schiebst ständig anderen Leuten deine Fehler in die Schuhe. All so etwas kann vorkommen. Die Gerechtigkeit fordert dich nun auf, deine Situation zunächst einmal gründlich zu analysieren, denn dann erst kannst du anfangen, sie zu verändern. Die Frau, die auf der Karte abgebildet ist, schaut uns ziemlich herausfordernd an. Die Spitze ihres Schwertes ist kerzengerade nach oben gerichtet, ein Symbol für die Wahrheit. Die Karte sagt nicht, wer Recht hat und wer im Unrecht ist, sondern fordert dich auf, alle Anstrengungen zu unternehmen, das selbst herauszufinden.

Die Gerechtigkeit liegt genau auf der Hälfte der Reise des Narren, zehn Karten sind vor ihr, zehn dahinter; gleichsam so, als käme ein Moment in deinem Leben (beziehungsweise in einer bestimmten Situation oder in einer Krise), in dem du erst dann wirklich etwas Neues anfangen oder dein Problem lösen kannst, wenn du bis in alle Einzelheiten begriffen hast, was bisher geschah.

Erinnerst du dich, dass wir den Magier und die Hohepriesterin als zwei Pole beschrieben haben: hell und dunkel, Aktivität und Ruhe, Bewusstes und Unbewusstes? Mit der Gerechtigkeit nun beginnt der Integrationsprozess. Die Zahl Elf besteht aus zwei Einsen, das ist zweimal die Zahl des Magiers. Zählen wir sie zusammen, ergibt sich eine Zwei, die Zahl der Hohepriesterin. Überdies ähnelt die Elf der Zwei in römischen Zahlen, II. Genau wie die Hohepriesterin sitzt auch die Gerechtigkeit vor einem Vorhang, der zwischen zwei Säulen aufgespannt ist. Und die Spitze ihres Schwertes ist nach oben gerichtet wie der Stab des Magiers. All das versinnbildlicht die Fähigkeit, Dinge zusammenzufügen, Gegensätze zu überwinden. Mit der Gerechtigkeit fangen wir an, uns das Unbewusste bewusst zu machen. Anders ausgedrückt: Wir beginnen, unser wahres Selbst zu erkennen und zu akzeptieren.

Gerechtigkeit im juristischen Sinn ist nicht die Hauptbedeutung dieser Karte, trotzdem bezieht sie sich manchmal auch darauf. Wenn du eine Frage bezüglich eines Gerichtsprozesses stellst und die Gerechtigkeit richtig herum auftritt, dann kann das auf ein faires Urteil hindeuten. Was natürlich nicht unbedingt garantiert, dass es dir auch gefällt. Umgekehrt bedeutet die Gerechtigkeit, dass du besonders sorgfältig vorgehen und sicherstellen musst, dass du deine Position optimal vorträgst. Wenn irgend möglich verschiebst du das Ganze am besten.

Häufiger weist die umgekehrte Gerechtigkeit jedoch auf die fehlende Bereitschaft hin, eine Situation unvoreingenommen zu analysieren. Der Fragende ist mit irgendetwas nicht bereit, sich auseinander zu setzen. Er oder sie versucht vielleicht, jemand anderem etwas anzulasten, was er oder sie selbst verursacht hat. Wenn die umgekehrte Karte in einer Position auftaucht, in der es um den Einfluss anderer Menschen geht, steht sie unter Umständen für jemanden, der ungerecht handelt oder nicht zugeben will, dass auch er seinen Teil zum Entstehen des Problems beigetragen hat.

XII

DER GEHÄNGTE

☆ ☆ ☆ ☆ ☆ ☆ ☆

SCHLÜSSELBEGRIFFE
Umschwung, Kapitulation, Opfer, festgefahren

ASTROLOGIE
Planet Neptun

NOTE
A^b

GABE
Eigene Werte entdecken

HERAUSFORDERUNG
Steckenbleiben, sich verrennen

Hast du schon einmal Yoga gemacht? Zu den wichtigsten Übungen dabei gehört der Kopfstand. Seit kurzem wird eine Art Brett angeboten, an dem man seine Fußgelenke befestigt, und dann wird es so umgedreht, dass man sich eine Weile kopfüber aushängen kann. Manche Leute baumeln auch mit den Knien vom Holmen eines Barren. All das zeigt, dass es mit dem Gehängten etwas ganz Reales auf sich hat. Teilweise macht man solche Übungen, um den Kreislauf anzuregen, zum Teil, weil man die Welt auch einmal aus einer anderen Perspektive sehen möchte. Wenn der Gehängte in den Karten auftaucht, bekommst du vielleicht Lust, diese Haltung auch einmal auszuprobieren, um zu erfahren, wie sie sich anfühlt. Dann sollte aber auf jeden Fall jemand dabei sein. Und du solltest auch nicht länger als ein paar Minuten in dieser Stellung bleiben, vor allem beim ersten Mal nicht.

Was ist aber eigentlich unter neuer Perspektive zu verstehen? Neu in welcher Hinsicht? Zunächst einmal ist damit gemeint, die Dinge anders zu betrachten, als man es sonst tut. Es heißt aber auch, sie anders zu betrachten als die Gesellschaft oder dein Umfeld. Mit dem Gehängten kannst du deine eigenen Werte entdecken und lernen, auf deine Meinung zu vertrauen, auch wenn alle Welt dir einreden will, dass du falsch liegst.

Nimm mal die »Welt«-Karte zur Hand, dreh den Gehängten um (genau, stell ihn auf die Füße), und leg die beiden Karten nebeneinander.

Siehst du, wie sie sich ähneln? Dieselbe Beinhaltung, derselbe fröhliche Gesichtsausdruck. Die Zahl des Gehängten, die Zwölf, besteht genau aus denselben Ziffern wie die Welt, 21, nur in umgekehrter Reihenfolge. Das ist bereits ein kleiner Hinweis darauf, dass uns der Gehängte einen ersten Blick auf die Weisheit gestattet, die in der allerletzten Trumpfkarte liegt – aber nur, wenn wir uns auf den Kopf stellen. Mit anderen Worten: An diesem Punkt der Reise müssen wir uns von den Vorstellungen anderer Leute (beziehungsweise von Gruppenzwängen, um einen modernen Ausdruck zu benutzen) lösen und zu eigenen Wertvorstellungen finden.

Weil junge Menschen unter enormem Anpassungsdruck stehen, coole Klamotten zu tragen, genauso zu sprechen und sich zu verhalten wie alle anderen, kann der Gehängte gerade für sie eine deutliche Mahnung sein, den eigenen Weg zu suchen.

Bei dieser Karte gehen die Interpretationen mehr auseinander als bei den meisten anderen. Manche Leute sehen darin einen Zustand, in dem man wie festgefahren ist, irgendeinen schmerzlichen Verzicht oder eine emotionale Blockade. (Man könnte auch von »durchhangen« sprechen.) All diese Deutungen resultieren aus der Vorstellung, jemand hätte den armen Kerl an sein T-förmiges Kreuz gebunden und er käme jetzt nicht mehr davon los. In Religion und Mythologie wurde nicht nur Jesus ans Kreuz geschlagen, sondern zum Beispiel auch der altnordische Gott Odin, der sich selbst neun Tage lang vom Weltenbaum baumeln ließ, um ein magisches Alphabet zu empfangen, das wir als

Runen kennen. Andere Interpreten beziehen sich auf die italienische Sitte, Verräter kopfüber aufzuhängen, und meinen daher, der Gehängte hätte Verrat an einem Menschen oder einer Sache begangen und müsse nun dafür leiden.

Andererseits: Schau doch nur, wie er strahlt. Achte auf seinen friedlichen Gesichtsausdruck. Er hängt nicht, weil er bestraft wurde oder er weil er nicht freikommen kann, sondern um sich eine neue Sichtweise zu verschaffen. Andere Leute mögen der Auffassung sein, er habe eine falsche Entscheidung getroffen und sei unbelehrbar oder falsch gewickelt, er aber bleibt seiner persönlichen Wahrheit treu. Diese Treue zur eigenen Wahrheit wird durch den Baum symbolisiert. Wenn du den Gehängten in den Karten hast und in der Lage bist, ihn richtig zu verstehen, kannst du ruhig zuhören, was andere dir zu sagen haben, ihre Forderungen, ihren Spott oder Belehrungen darüber, was »man« zu tun und zu lassen habe, zur Kenntnis nehmen und dann ganz einfach tun, was du für richtig hältst.

Das ist etwas ganz anderes, als wenn deine Eltern dir sagen, du solltest dich nicht der Mehrheit anschließen. Seien wir doch ehrlich: Damit meinen sie meistens, dass du tun sollst, was sie sagen. Anders beim Gehängten. Da trifft man seine Entscheidungen ganz für sich.

Umgekehrt: Wenn man den Gehängten umdreht, steht er, wie gesagt, eigentlich auf den Füßen. (Fast immer, wenn du jemanden bittest, die Karten durchzublättern, und er dabei auf den Gehängten stößt, wird er ihn umdrehen.) Das bedeutet einfach, dass ihn die Leute gutheißen. Wenn du die Karte bekommst und sie umgekehrt ist, solltest du überlegen, ob du die öffentliche Meinung nicht vielleicht zu wichtig nimmst. Eventuell musst du mehr auf dich selbst vertrauen. Es kann aber natürlich auch bedeuten, dass du öfter mal auf anderer Leute Ratschläge hören solltest. Eine weitere Möglichkeit: Wenn du den Gehängten für stecken geblieben oder festgefahren hältst, kann es für Befreiung stehen, wenn er umgekehrt auftritt.

XIII

TOD

Zunächst eine Vorbemerkung: Was immer du in diversen Fernsehprogrammen über Tarot gehört und gesehen hast: Diese Karte sagt niemandem den Tod voraus. Sie spricht vielmehr von Veränderung, von der Notwendigkeit, sich von alten Gewohnheiten oder Denkweisen zu verabschieden, die sich überlebt haben und nichts mehr bringen. Wir müssen sie sterben lassen, um etwas Neues anfangen zu können. Vielleicht erinnerst du dich oder hast davon gehört: 2003 wurde die Gegend von Washington, D.C., von zwei Heckenschützen terrorisiert. In der Nähe eines der Tatorte fanden Polizeibeamte eine Tarotkarte, den Tod. Sollten die Killer sie tatsächlich mit Absicht liegen gelassen haben, so haben sie ihre Bedeutung total missverstanden. Jede Kartenlegerin hätte ihnen sagen können, dass der Tod die Notwendigkeit zum Ausdruck bringt, den Wahnsinn und ihre verrückten Obsessionen aufzugeben.

Der Tod bedeutet das natürliche Ende von etwas, das ein für alle Mal vorbei ist. Kürzlich sollte ich anlässlich eines Universitätsabschlusses eine Rede halten. Um auf Ideen zu kommen, was ich sagen könnte, drehte ich ein paar Karten um, mit als Erste den Tod. Und in der Tat: Wenn man mit der Uni fertig ist, »stirbt« ein Teil von einem und macht den Weg frei für einen neuen Lebensabschnitt.

☆ ☆ ☆ ☆ ☆ ☆ ☆

SCHLÜSSELBEGRIFFE
Veränderung, Erlösung, Freiheit, Angst

ASTROLOGIE
Skorpion

NOTE
C

GABE
Abschneiden alter Zöpfe

HERAUSFORDERUNG
Akzeptanz, Hinnahme

Da das alles gesagt ist, kann ich nun darauf zu sprechen kommen, dass die Karte durchaus auch für Tod im buchstäblichen Sinne stehen kann. Wenn jemand gezwungen ist, sich mit dem Tod auseinander zu setzen – wenn zum Beispiel ein Verwandter oder Freund kürzlich verschieden ist oder im Sterben liegt –, kann diese Karte aufgrund des Vertrauens in eine neue Existenz helfen, das Unabänderliche zu akzeptieren.

Wir können uns die Todeskarte als den Beginn von etwas Neuem vorstellen. Das zeigt sich an der Sonne, die in der Ferne aufgeht. Alles Starre, Alte und Überholte ist am Ende, und jetzt kann wieder etwas Helles, Positives in den Vordergrund treten.

Neben dem Skelett in der Rüstung sind auf der Karte auch vier Menschen zu sehen. Der König ist bereits den Hufen des Pferdes zum Opfer gefallen; er steht für eine Starrheit, die keinerlei Veränderung zulassen kann. Der Bischof betet – Symbol für einen Glauben, der uns genügend Vertrauen gibt, der Zukunft gelassen entgegentreten zu können. Rechts unten sehen wir ein junges Mädchen, das kniet, den Blick abgewandt. Alt und verknöchert wie der König ist sie nicht, trotzdem traut sie sich noch nicht, loszulassen und alles so zu akzeptieren, wie es kommt. Vor ihr aber sehen wir ein Kind mit einem Blumenkränzchen auf dem Kopf. Wie der unschuldige Narr nimmt auch das Kind in uns die Dinge so, wie sie geschehen, ohne Ängste oder bestimmte Erwartungen.

Liegt der Tod in den Karten, geht irgendetwas zu Ende. Eine Liebesbeziehung vielleicht, eine Freundschaft oder auch nur irgendeine hartnäckige Angewohnheit. Ist diese Veränderung erst einmal eingetreten, das Alte gestorben, ist der betreffende Mensch unter Umständen viel glücklicher als zuvor. Denn tatsächlich zeigt das Bild auch erste Anzeichen für einen Neubeginn. Abgesehen von der Sonne in der Ferne sieht man ein kleines Segelboot (auf dem Fluss hinter dem Pferd des Todes). Wie im alten Ägypten symbolisiert dies auch im Tarot die Idee der Wiedergeburt. Nichtsdestotrotz kann der Tod auch für ein unangenehmes Erlebnis stehen. Wenn wir weiterhin an Dingen hängen, die verändert werden müssen, wenn wir nicht loslassen wollen, obwohl wir ganz genau wissen, dass wir es eigentlich tun sollten, dann werden wir so lange unglücklich sein, wie wir gegen das Unabwendbare ankämpfen. Wenn du schon einmal an einer Beziehung festgehalten hast, obwohl du dich eigentlich lieber trennen wolltest, weißt du genau, wie unangenehm das Leben werden kann, wenn man versucht, dem Tod Widerstand zu leisten.

Umgekehrt kann der Tod bedeuten, dass etwas nicht sterben muss und noch viel lebendiger ist, als wir gedacht hätten. Häufiger jedoch betont er die Weigerung eines Menschen zu akzeptieren, dass etwas zu Ende ist. Dann steckt man fest und stagniert, was sich auch auf andere Lebensbereiche erstrecken kann. Wenn du zum Beispiel nicht bereit bist, dir einzugestehen, dass du den Typen, der dir immer wieder sagt, wie sehr er dich liebt, nicht mehr treffen solltest, können durchaus Schlafstörungen, familiäre Streitigkeiten und eine Verschlechterung deiner schulischen Leistungen die Folge sein. Früher oder später muss man einfach loslassen.

Woran wir erkennen können, welche Interpretation die richtige ist? Zum Teil geben uns die anderen Karten gewisse Hinweise, teilweise können wir es auch der Position entnehmen, in der die Karte liegt. Man kann sich aber auch ganz auf seine Intuition verlassen.

XIV

MÄSSIGKEIT

☆ ☆ ☆ ☆ ☆ ☆ ☆

SCHLÜSSELBEGRIFFE
Mäßigung, Gleichgewicht, Ruhe, persönliche Stärke

ASTROLOGIE
Schütze

NOTE
A♭

GABE
Innere Ruhe

HERAUSFORDERUNG
Selbstbeherrschung

Warum gerade ein Engel? Das englische Wort für Mäßigkeit, temperance, bedeutete ursprünglich »Dinge vermischen«. Wein wird mit Wasser gestreckt, um seinen Alkoholgehalt zu verringern, Waffenschmiede pflegten das glühend heiße Metall in kaltes Wasser zu tauchen, um es zu »tempern«, sprich: zu härten. Gefühle wurden als Mischungen verschiedener »Temperamente« beschrieben. (Dieses Wort existiert ja auch heute noch.) Aber warum ausgerechnet ein Engel?

Es gibt drei Engel in den Großen Arkana, und im Gegensatz zu ihrem volkstümlichen Image als ganz und gar süß, sanft und gefällig handelt es sich dabei um sehr mächtige Gestalten. Benannt sind sie nach den Erzengeln des Christentums. Die Liebenden werden von Rafael gesegnet, im Gericht bläst Gabriel die Trompete, um die Toten zu erwecken, und die Mäßigkeit zeigt Erzengel Michael.

Sie hat die Bedeutung, ruhig zu bleiben, nicht in Wut zu geraten, lieber einen Mittelweg zu suchen, als sich von einem Extrem zum anderen zu hangeln. Das ist alles sehr gut. Mit großer Wahrscheinlichkeit haben euch Eltern oder andere Autoritätspersonen wie Lehrer oder Rektor empfohlen (vielleicht sogar ermahnt), genauso zu handeln. »Versuch die Beherrschung nicht zu verlieren! Reg dich ab! Konzentrier dich!« Das Problem ist allerdings, dass viele Leute es nicht nur schwierig finden, sich so zu verhalten, sondern auch langweilig. Es hört sich so gar nicht nach Leidenschaft und Spannung an.

Das Bild zeigt aber keineswegs ein Mauerblümchen, das sich nie traut, auch einmal in Wallung zu geraten. Vielmehr zeigt es Erzengel Gabriel, den Gotteskrieger mit Flügeln so mächtig, dass sie beinahe den Rahmen der Karte sprengen. (Man muss natürlich weder an Engel noch an sonstige religiöse Traditionen glauben, um mit dieser oder irgendeiner anderen Karte arbeiten zu können. Es schadet allerdings nichts, wenn man sie kennt und weiß, was sie zu bedeuten haben.) Ist die Mäßigkeit mit uns, dann brauchen wir keine künstlichen Aufregungen, müssen nicht zwanghaft die Ruhe bewahren. Dann ergeben sich Gleichgewicht und Gelassenheit aus dem tief in uns verankerten Glauben an uns selbst.

Den Wagen(lenker) haben wir als den Willen beschrieben zu erreichen, was man sich vorgenommen hat. Er legte Erfolg und Selbstvertrauen an den Tag und demonstrierte die Überzeugung, dass wir ausziehen und alles tun können, was nötig ist. Hier, sieben Karten später, haben wir es nun mit einem inneren »Sieg« zu tun, einer Selbstakzeptanz, die so stark ist, dass wir niemandem mehr etwas beweisen müssen.

Das gesamte Bild strahlt ruhige Kraft aus. Der Engel hat seine großen Flügel ausgebreitet, steht aber ganz friedlich da. Er gießt Wasser aus einem Kelch in den anderen, ein Symbol für die Fähigkeit, verschiedene Arten von Energie zu verbinden – und dabei nicht ins Extrem zu verfallen. Mit einem Fuß steht er auf dem Erdboden, den anderen hat er im Wasser, das heißt, er bringt Aktion und Emotion zusammen. Die Sonne im Hintergrund, die im Tod gerade aufging, steht jetzt bereits höher am Himmel. Vom Teich führt ein Weg in die Berge (etwas Ähnliches werden wir auch auf der »Mond«-Karte sehen), gleichsam als führe er von diesem Ort der inneren Ruhe in die Welt und zu den anderen Menschen zurück.

Es ist ein gutes Zeichen, wenn man in Zeiten von Stress oder emotionaler Überlastung die Mäßigkeit in den Karten hat. Sie kann einem helfen, einmal tief durchzuatmen, sich zu beruhigen und zu gucken, was man da eigentlich gerade macht. Die Karte fordert nicht dazu auf, sich zurückzuhalten, sondern regt an, Selbstbeherrschung in sich selbst zu finden, und das ist ein großer Unterschied.

Unter Umständen tritt die Mäßigkeit mit dem Narren zusammen auf, was insbesondere dann der Fall sein kann, wenn es darum geht, sich für oder gegen ein risikoreiches Unterfangen zu entscheiden. Der Narr fordert dann auf, das Wagnis einzugehen, während es an der Mäßigkeit ist, Vorsicht zu empfehlen. Welchem Rat man dann Folge leisten sollte? Manchmal helfen schon die Positionen weiter; wenn zum Beispiel die eine Karte in der Position »gefährlicher Weg« liegt und die andere in der Position »guter Rat«, kannst du dir selbst ausrechnen, was du am besten tust; das liegt dann natürlich auf der Hand. Da es aber nicht immer so eindeutig sein wird, kannst du anhand der anderen Karten und mithilfe deiner Intuition (was fühlt sich richtiger an?) bestimmen, wie du dich entscheidest.

Umgekehrt bedeutet die Mäßigkeit einen Mangel an innerer Ruhe und Selbstvertrauen. Es kann zu einem Temperamentsausbruch kommen. Und das ist gar nicht mal immer schlecht. Wenn du dich nämlich schon zu lange in einer Situation befindest, die dir nicht gut tut, kann dir ein Wutanfall durchaus auf die Sprünge helfen, und du fängst an, etwas daran zu ändern. Häufiger hat die umgekehrte Mäßigkeit aber die Bedeutung, dass jemand die Kontrolle über sich verliert.

XV

DER TEUFEL

Der Teufel. Auch diese Karte taucht häufig in Filmen und Fernsehsendungen auf, in aller Regel mit einer Musik unterlegt, die Schock und Erschütterung signalisieren soll. Aufgrund seiner Horror-Monster-Erscheinung und seines gespenstischen Aussehens fällt einem natürlich gerade beim Teufel ein, dass der Tarot auch als »Satanswerk« gilt. Ironischerweise ist eines der Themen des Teufels die Selbsttäuschung, und es gibt kaum eine größere als die Vorstellung, der Tarot entstamme irgendeiner bösen Macht oder könne uns auf eine destruktive Art und Weise beherrschen. Was allerdings stimmt, ist, dass sich manche Leute vom Tarot so hinreißen lassen, dass sie auch nicht die kleinste Entscheidung treffen, ohne sich vorher die Karten gelegt zu haben. Tritt der Teufel in einer Position auf, die eine Warnung darstellt, kann dies ein Zeichen dafür sein, dass die betreffende Person vom Kartenlegen abhängig ist.

Der Teufel kann auch für andere Süchte stehen, von Drogen oder Alkohol bis hin zum Essen (inklusive Anorexie, der Sucht, sich zu Tode zu hungern), sowie für emotionale Abhängigkeiten. Diese Interpretationsmöglichkeit leitet sich zum Teil aus den beiden Menschen her, die an den Steinblock gekettet sind. Halte allerdings nie jemanden für süchtig, nur weil der Teufel in seinen Karten liegt. Zu berücksichtigen ist nicht nur die Position, in der er auftritt, sondern du musst auch gucken,

☆ ☆ ☆ ☆ ☆ ☆ ☆

SCHLÜSSELBEGRIFFE
Unterdrückung, Selbsttäuschung, Sexualität, schlechte Beziehungen

ASTROLOGIE
Steinbock

NOTE
A

GABE
Dunkle Energien

HERAUSFORDERUNG
Emotionale Abhängigkeit

ob diese Deutung von den anderen Karten bestätigt wird. Und lass vor allem den Menschen selbst nicht außer Acht. Auch wenn die Botschaft ganz klar zu sein scheint, starr ihn nicht an und sag »Du bist ja abhängig!«. Das Kartenlegen muss Kommunikation ermöglichen und nicht beenden.

Der Teufel steht auch für Besessenheit, dies wiederum aufgrund der Ketten, aber auch der Dunkelheit wegen. Möglicherweise steht die betreffende Person auch unter dem Einfluss dunkler Energien. Sollte das so sein, dann schau nach, ob die restlichen Karten nicht vielleicht andere Möglichkeiten zeigen, das Leben oder eine spezielle Situation zu betrachten. Vielleicht musst du ein bestimmtes Problem lösen. Denkbar wäre zum Beispiel, dass du ein offenes Gespräch mit jemandem führen solltest, der dich nervt oder sich über dich lustig macht. Vielleicht hängst du aber auch nur viel zu viel im Internet rum.

In Bezug auf Beziehungen deutet der Teufel darauf hin, dass ein emotionales oder sexuelles Verhältnis nicht mehr so gut läuft. Man fühlt sich dann leicht in der Falle, auch wenn man nur Angst hat, die Worte »Ich möchte dich nicht mehr sehen« auszusprechen. Die Zahl des Teufels ist die 15. Wenn wir die beiden Ziffern zusammenzählen, erhalten wir Sechs, die Zahl der Liebenden. (Dieses Verfahren nennt man die Quersumme bilden.) Leg jetzt einmal die Liebenden und den Teufel nebeneinander.

Findest du nicht auch, dass der Teufel aussieht wie eine verzerrte Variante der Liebenden? Hier steht kein Paar frei im Raum. Stattdessen sind ein Mann und eine Frau an einen Steinblock gekettet. An die Stelle der Segnung durch den Engel ist das Grinsen des Teufels getreten, der dabei ist, den Schwanz des Mannes in Brand zu setzen. Schwänze und Hörner haben die beiden, weil sie eines Teils ihrer Menschlichkeit verlustig gegangen sind. Und zwar desjenigen Teils, der weiß, dass wir unsere Selbstachtung und unsere Wahlfreiheit nie verlieren (dürfen).

Was hat eine so düstere Karte im Tarot zu suchen? Nun, zum einen macht man im Leben solche Erfahrungen. Es kommt vor, dass Menschen süchtig werden und in schlechte Gesellschaft geraten. Die Karte führt uns aber auch vor Augen, dass wir alle unsere Schattenseiten haben und höchstwahrscheinlich eines Tages zulassen müssen, dass sie ans Tageslicht kommen. Mit dem Teufel beginnt die letzte Siebenergruppe der Karten, so, als hätte der Narr auf seiner Reise einen Punkt erreicht, an dem er sich auch mit den dunklen Aspekten der Welt – sogar in sich selbst – auseinander setzen kann. Vergleichbar dem Helden, der den Kampf gegen das Ungeheuer aufnimmt, kann diese Karte ein Hinweis darauf sein, dass die Zeit gekommen ist, sich dem Horror unseres Lebens zu stellen. Dabei kann es sich um leibhaftige Ungeheuer, etwa Gewalttäter, handeln, aber auch um innere Monster wie Schüchternheit oder Schamgefühle.

Diese Interpretationen entsprechen der Norm in der Betrachtung des Teufels. Es gibt aber auch andere Ansichten. Diese erinnern uns daran, dass der Teufel auf den Gott Pan zurückgeht, der für Verspieltheit, Ausgelassenheit und Sexualität stand. Für Leute, die diesem Deutungsmuster folgen, kann der Teufel auch so etwas Einfaches darstellen wie eine wilde Party. Ich bin einmal für eine Freundin eingesprungen, die einer gemeinsamen Bekannten einmal pro Woche die Karte legte. Gleich die erste Karte, die zum Vorschein kam, war der Teufel. Und während ich noch überlegte, was ich wohl zu diesem dunklen, Angst einflößenden Motiv sagen sollte, rief die Frau schon: »Toll, meine Lieblingskarte!«. Für sie bedeutete der Teufel eine ganze Woche Spaß.

Umgekehrt bedeutet er (in der Regel) Befreiung. Jemand erkennt, dass eine Situation ungut ist, und tut etwas, um sie zu verändern. Plötzlich ist der Mensch, auf den sich die Karte bezieht, in der Lage, eine Illusion zu durchschauen, findet sich nicht länger mit unterdrückerischen Verhältnissen ab oder wird sich eines bestimmten obsessiven Verhaltens bewusst. Der Teufel gehört zu den Karten, deren Bedeutung positiver ist, wenn sie umgekehrt liegt, als richtig herum.

Assoziierst du mit der Karte dagegen Spaß und Vergnügen, bedeutet sie , dass die Party vorbei ist und du eine Angelegenheit ernster nehmen solltest.

XVI

DER TURM

☆ ☆ ☆ ☆ ☆ ☆ ☆

SCHLÜSSELBEGRIFFE
Schock, plötzliche Veränderung, Enthüllung, Umbruch, Verzicht

ASTROLOGIE
Planet Mars

NOTE
C

GABE
Befreiung

HERAUSFORDERUNG
Umwälzung

Genau wie der Eremit ist auch der Turm nicht nur ein Motiv, das häufig in Sagen und Legenden vorkommt, sondern auch etwas ganz Reales. An klassischen Geschichten fällt einem dabei wahrscheinlich als Erstes der Turmbau zu Babel aus der Bibel ein, als die Menschen versuchten, einen Turm zu errichten, der so hoch sein sollte, dass er in den Himmel reichte. Daraufhin zerstörte Gott das Gebäude und gab den Menschen viele verschiedene Sprachen, was sie so durcheinander brachte, dass sie es nicht ein weiteres Mal versuchen konnten. Auf unserem Bild sehen wir, wie der Turm vom Blitz getroffen wird und in Flammen aufgeht. Zwei Menschen stürzen aus dem Fenster. Sie wirken verängstigt, völlig verwirrt.

Eine noch engere Parallele gibt es zum Märchen von Rapunzel. Rapunzel lebte in einem Turm, der genau wie der unsrige keine Türen hatte. Als der Prinz die junge Frau fand und ihr Liebhaber wurde, warf die böse Stiefmutter die beiden vom Turm herab. Sie mussten in der Wildnis umherirren, bis sie einander schließlich wiederfanden. Nicht zuletzt endet auch Der *Herr der Ringe* mit der Zerstörung von Saurons »dunklem« Turm des Bösen in einer Feuersbrunst.

In der wirklichen Welt gibt es heute neben alten, von Königen und reichen Adligen erbauten Türmen auch moderne Wolkenkratzer. Als das New Yorker World Trade Center im

September 2001 einem terroristischen Angriff zum Opfer fiel und die Menschen aus den Fenstern sprangen, um den Flammen zu entfliehen, sahen viele Leute, die sich mit Tarot beschäftigen, darin eine grauenhafte Inszenierung dieser Karte. Und hinterher berichteten tatsächlich einige Tarotdeuter – jedoch nicht alle –, dass in den meisten Sitzungen, die sie ein, zwei Wochen vor den Anschlägen abgehalten hatten, der Turm aufgetaucht war.

Mit einer so schrecklichen Katastrophe musst du nicht rechnen, wenn du ihn in den Karten hast. Auf eine plötzliche Veränderung oder einen kurz bevorstehenden Umbruch weist der Turm allerdings tatsächlich hin. Vielleicht wird jemand sauer und bricht einen Streit vom Zaun, möglicherweise geht eine Freundschaft zu Bruch oder nimmt plötzlich eine ganz unverhoffte Wendung. Manchmal deutet der Turm auch auf potenzielle Gewalt hin und lässt daher besondere Vorsicht geraten sein, insbesondere wenn er zusammen mit anderen aggressiven Karten auftritt. Wir müssen hier mit aller Sorgfalt vorgehen und nicht immer gleich an Gewalt denken, wenn der Turm auftritt; wir können diese Möglichkeit aber im Hinterkopf behalten, vor allem wenn irgendetwas in der realen Lebenssituation der Person, der wir die Karten legen, auf eine solche Gefahr hindeutet.

Aus allen diesen Gründen wirkt der Turm zunächst ziemlich unerfreulich. Aber auch wenn es sich vielleicht nicht besonders gut anfühlt, wenn man mitten drin ist: Im Grunde hat auch diese Karte einen durchaus optimistischen Tenor. Auf der vorhergehenden, dem Teufel, sahen wir nur Dunkelheit und zwei Menschen, die an einen Steinblock gekettet waren. Hier hat sich jetzt so viel Druck aufgebaut, dass es zur Entladung kommt. Es blitzt. Die Menschen werden von allem befreit, was sie bislang in Gefangenschaft gehalten hat. Mit anderen Worten: Der Turm lehrt uns, dass auch eine unangenehme Situation nicht von Dauer ist. Eventuell bedarf es einer Umwälzung, um ihr ein Ende zu bereiten, aber dass sie ein Ende findet, ist sicher.

Manchmal steht der Turm auch für eine Enthüllung. Vielleicht gibt es Neuigkeiten. Vielleicht wird bei einem Streit etwas offenbart, oder die betreffende Person findet etwas heraus, was sie bislang noch nicht wusste. Bei diesen Neuigkeiten muss es sich keineswegs um etwas Schlechtes oder Schockierendes handeln, denn der Turm kann auch für ausgesprochen gute Nachrichten stehen. Wie dem auch sei, die Enthüllung führt zu neuer Freiheit.

Als Enthüllungen kann man sich auch neue Ideen vorstellen, also etwa den Moment, wenn eine Riesenmenge von Einzelinformationen, die bislang nie recht zusammenzupassen schienen, plötzlich einen Sinn ergibt. Erfindern, Schriftstellern oder Malern kann der Turm den Durchbruch verheißen. Wenn man Tage und Wochen an einem Projekt gearbeitet hat und sich schon gar nicht mehr vorstellen kann, dass die ganze Mühe irgendetwas bringt, kann der Turm den Moment aufzeigen, in dem alles passt.

Umgekehrt ist der Turm nicht ganz so extrem. Es kann schon zu Veränderungen oder Enthüllungen kommen, diese sind aber längst nicht so dramatisch. Folglich werden wir nicht so sehr von ihnen überwältigt, was aber auch heißen kann, dass es nicht zu wirklichen Veränderungen kommt. Ohne den Blitz, der es uns unmöglich macht, eine unerträgliche Situation länger zu akzeptieren, bleibt die schmerzliche Entscheidung, sie zu beenden, vielleicht aus. Auch der Durchbruch, auf den der Turm hinweisen kann, ist von geringerer Bedeutung, wenn die Karte auf dem Kopf steht.

XVII

DER STERN

Vom Narren vielleicht abgesehen ist der Stern die entspannteste aller Karten. Nackt und voller Selbstvertrauen hockt die Frau da und gießt Wasser aus ihren Krügen, so als wolle sie die Erde selbst nähren. Die Mäßigkeit demonstrierte uns die Fähigkeit, Energien von einem Gefäß ins andere zu befördern, um sie zu vermischen, als eine Art Engelskraft. Hier aber gießt eine ganz gewöhnliche Frau einfach das Wasser aus und muss dabei nichts zurückhalten.

Diese Karte folgt auf den Turm wie die Ruhe nach dem Sturm. Der Turm taucht möglicherweise nach Spannungen auf, also wenn du zum Beispiel jemanden angeschnauzt hast. Ist aber erst einmal alles raus, der ganze Ärger, der ganze Groll, und du kannst richtig loslassen und vollkommen neu anfangen, dann kommt der Stern; vielleicht bekommst du dann auch beide Karten, den Turm für den Streit und den Stern für die darauf folgende Versöhnung.

Wenn wir uns die Karten der Reihe nach wie verschiedene Episoden einer Geschichte vorstellen, dann stellt der Teufel einen Moment der Gefahr dar. Der Narr (unser Held) steigt ins Dunkel herab, um alles zu befreien, was dort eingeschlossen oder versteckt sein mag. Der Turm zeigt den Moment der Freisetzung, der Stern jedoch, nackt und unbefangen, das Ergebnis. Bei der Betrachtung der Turm-Karte fiel uns auf, dass sie

☆ ☆ ☆ ☆ ☆ ☆ ☆

SCHLÜSSELBEGRIFFE
Hoffnung, Ruhe, Erneuerung, Offenheit, Optimismus

ASTROLOGIE
Wassermann

NOTE
B

GABE
Freude

HERAUSFORDERUNG
Offenheit

von Rapunzel und der Katastrophe erzählt, als die böse Stiefmutter die junge Frau und ihren Prinzen vom Turm stößt. Der Stern verrät, was danach kommt: Durch Rapunzels Tränen werden die Augen des Prinzen wieder gesund. Dieser Karte wohnt große Heilkraft inne.

Sie symbolisiert Hoffnung und Optimismus, Offenheit gegenüber dem Leben und anderen Menschen. Sie zeigt uns eine schamlose Frau, die sich in ihrem Körper rundum wohl fühlt. Der Stern ist so etwas wie ein Gegengift gegen Schamgefühle. In unserem Kulturkreis werden wir ja pausenlos mit Bildern von »perfekten« Körpern bombardiert, die uns nicht nur zeigen sollen, wie wir auszusehen und uns zu kleiden haben, sondern auch, wie wir stehen, uns bewegen und lächeln müssen. Dass die jungen Frauen, die wir im Fernsehen oder im Kino sehen, im Grunde am Verhungern sind, und dass die Typen gesundheitsgefährdende Drogen konsumieren, nehmen wir kaum wahr. Und wenn doch, meinen wir auch noch, wir müssten ihnen nacheifern.

Vor ein paar Jahren habe ich einmal einen Bericht über eine Klinik für schwer an Anorexie erkrankte Teenager gelesen. Dabei handelte es sich um Mädchen, die gestorben wären, hätten sie sich nicht im letzten Moment in Behandlung begeben. Eines Tages sagte sich Besuch an. Da hatte doch tatsächlich eine Modelagentur ein Team in die Klinik geschickt, um die halbtoten Teenager für eine Werbekampagnen zu casten!

Der Stern erinnert alle, die ein Problem mit ihrem Körper haben oder an Essstörungen leiden, daran, dass wir uns so akzeptieren können und dürfen, wie wir sind.

Das Wasser, das die Frau, die wir auf der Karte sehen, ausgießt, wird im Allgemeinen als heilende Energie betrachtet; wir können uns aber auch vorstellen, dass es ein Symbol für die Freisetzung aller Gifte ist, die sich im Laufe der Zeit in unserem Körper angesammelt haben. Dabei kann es sich sowohl um Kindesmissbrauch handeln als auch um erlittene Tyrannei oder um Schamgefühle, besonders sexueller Natur, die uns von Kindesbeinen an eingeimpft wurden. Der Stern macht ein für alle Mal Schluss damit. Leute, die ein Alkoholproblem haben oder an einer anderen Sucht leiden, weist der Teufel gegebenenfalls auf ihre Abhängigkeit hin – und der Turm deutet die Verheerungen an, die daraus entstehen können. Der Stern aber trifft die Aussage, dass die Zeit gekommen ist, loszulassen und sich davon unabhängig zu machen. Es ist die Karte der wiedergewonnenen Freiheit.

Wenn du eine Beziehung zu einem Menschen hast, der dir nicht gut tut, wenn du dich nicht in der Lage fühlst, dich von ihm zu lösen, obwohl du ganz genau weißt, dass er dich nicht korrekt behandelt, wenn du versuchst, dich zu trennen, und doch immer wieder zu ihm zurückgehst, dann kann dir der Stern helfen, dass du endlich die Kraft findest, dich zu lösen. Er kann dich daran erinnern, wie du dich eigentlich fühlen möchtest, und dir zeigen, wie viel besser es dir gleich gehen wird, wenn du die Verbindung endgültig abgebrochen hast. Mag sein, dass der Turm explodieren muss, bevor du dich befreien kannst. Der Stern aber verdeutlicht dir, dass du dich danach bedeutend besser fühlen wirst.

Kann uns eine Tarotkarte jedoch wirklich von Schamgefühlen oder destruktiven Verhaltensweisen befreien? Die Karte tut im Grunde zweierlei. Wenn sie auftaucht, ist das zunächst einmal ein Zeichen für die Bereitschaft, sich loszusagen. Das heißt, man selbst ist in der Lage, zu tun, was erforderlich ist, um das Gift auszuleiten, das man in sich hat. Zugleich ist die Karte aber auch ein echtes Hilfsmittel. Wenn wir sie als ein Symbol für etwas sehen, was wir tun wollen, dann können wir uns ihr Bild einprägen, es betrachten und als Gedächtnisstütze nutzen. Wenn du so mit dem Tarot umgehst, musst du nicht einmal warten, bis eine bestimmte Karte in einer Sitzung auftaucht. Wenn du zum Beispiel weißt, dass der Stern oder auch irgendein anderes Motiv genau das darstellt, was du brauchst, dann kannst du dir die Karte einfach aus dem Packen heraussuchen und anfangen, damit zu arbeiten.

Umgekehrt zeigt uns der Stern im Zwiestreit mit unseren Überzeugungen. Möglicherweise kommen Zweifel auf oder wir ergehen uns in Pessimismus. Unsicherheit oder auch Scham können uns von etwas abhalten, das wir dringend tun sollten. Umgekehrte Karten haben nicht automatisch eine negative Bedeutung, denn ganz verlieren sie ihre positive Energie nie. Allerdings ist der umgekehrte Stern ein Zeichen dafür, dass wir nicht die gesamte Freiheit und Freude, die die Karte symbolisiert, auskosten. Sie kann uns in einer schwierigen Situation den Weg in die Freiheit weisen, aber so weit ist es noch nicht.

XVIII

DER MOND

☆ ☆ ☆ ☆ ☆ ☆ ☆

SCHLÜSSELBEGRIFFE
Instinkt, Geheimnis, Reise, Wildheit, Verrücktheit, Kreativität

ASTROLOGIE
Fische

NOTE
H

GABE
Phantasie

HERAUSFORDERUNG
Angst

Nachdem der Held alle Herausforderungen gemeistert und den Schatz geborgen hat, muss er den Weg zurück in die normale Welt finden, der häufig durch schreckliches, geheimnisvolles Terrain führt. Diesen merkwürdigen Teil der Reise zeigt uns der Mond.

Und im wirklichen Leben? Dass der Mond von der Durchquerung unbekannten Geländes kündet, kann sich tatsächlich auf eine mit vielen Unwägbarkeiten verbundene Reise und auf mögliche Abenteuer oder Entdeckungen beziehen. Dabei kann es sich genauso gut um Ferien in der Wildnis handeln wie um einen Besuch bei deinem Vater, der dir seine neue Freundin vorstellen möchte. Steht nicht unmittelbar eine Reise an, kann der Mond auch Sinnbild für eine Zeit sein, in der Haltungen und Überzeugungen infrage gestellt werden.

Denn mehr als alles andere beschreibt der Mond im Grunde einen Gemütszustand. In uns werden Dinge hochgespült, und fast bekommen wir das Gefühl, dass wir ein bisschen verrückt werden. Der englische Ausdruck »lunacy« für Wahnsinn kommt von »luna«, dem lateinischen Wort für Mond. Das Personal in Unfallkliniken, aber auch Polizeibeamte in Großstädten behaupten in schöner Regelmäßigkeit, dass sie in den Vollmondnächten bedeutend mehr zu tun haben als sonst im Monat. Und auch wenn man nicht direkt in einen Unfall verwickelt oder gewalttätig wird, ein bisschen erregter als gewöhnlich ist man zu diesem Zeitpunkt allemal.

Der Mond ist die einzige Karte der Großen Arkana, auf der wir keine Menschen (oder wenigstens Engel wie bei der Mäßigkeit oder dem Rad des Schicksals) sehen. Stattdessen sind ein Wolf und ein Hund abgebildet. Vergleiche dieses Motiv einmal mit den Liebenden. Der Engel dort segnet etwas sehr Menschliches: die emotionale beziehungsweise sexuelle Liebe. Der Mond dagegen weckt tierische Instinkte. In solchen »lunaren« Zeiten steht uns der Sinn danach, den Mond anzuheulen und jede Kontrolle aufzugeben. Du merkst es vielleicht an dem Gefühl, dass du beim Abendessen kaum stillsitzen und höflich Konversation machen kannst.

DIE LIEBENDEN

Daran ist nichts Schlimmes. In unserem Hirn sind sämtliche Stadien der Evolution gespeichert, die uns erst zum Tier und später dann zum Menschen machten, und manchmal müssen wir eben auch unsere animalische Seite ausleben. Die Schriftstellerin Callan Williams hat einmal die Spannung zwischen »dem Wilden und dem Zahmen« beschrieben, wie sie es nennt, also einerseits das Bedürfnis, loszulassen und unsere frei strömenden Energien zum Ausdruck zu bringen, und andererseits den Wunsch, mit Menschen zu kommunizieren und zu arbeiten. Den Weg, der zwischen den beiden Türmen hindurchführt, kann man als Symbol für das ständige Streben nach Ausgleich dieser beiden Aspekte auffassen.

Der Einfluss des Mondes bringt aber nicht nur den Wolf in uns zum Vorschein. Schau dir einmal die Languste beziehungsweise den Krebs unten auf der Karte an. Er repräsentiert den ältesten Teil unseres Hirns, denjenigen also, der uns mit ganz primitiven Ängsten verbindet wie etwa der Furcht des Kindes vor der Dunkelheit. Der Krebs hat das Wasser nur zum Teil verlassen, denn ganz erreichen Gefühle dieser Art die Ebene unseres bewussten Denkens nie. Sie tauchen halb auf, dann versinken sie wieder, wie ein Albtraum, der kurz nach dem Klingeln des Weckers schon wieder in Vergessenheit geraten ist.

Das hört sich alles ziemlich erschreckend an. Und das ist es auch. Aber nur, solange wir versuchen, diese Aspekte unserer Persönlichkeit zu leugnen. Wenn wir unsere lunaren Anteile jedoch annehmen, kann uns der Mond mit seiner unmittelbaren Verbindung zu den Instinkten und zum Unbewussten dazu verhelfen, Einsicht und Kraft zu gewinnen. Hexen betrachten den Mond als Göttin, nennen ihn manchmal Diana, wie die römische Mondgöttin, oder auch einfach nur Herrin. Der Mond repräsentiert aber nicht nur die Instinkte, sondern auch den Zyklus des Lebens, denn er tritt jeden Monat aus der Dunkelheit heraus, wächst (nimmt zu), bis er voll ist, dann wird er wieder so lange kleiner (nimmt ab), bis er aufs Neue in der Dunkelheit versinkt. Auch die Gezeiten stehen unter dem Einfluss der Gravitation des Mondes.

Frauen haben eine besondere Beziehung zum Mond, denn der Mensch ist das einzige Tier, bei dem die Länge des Menstruationszyklus dem Zyklus des Mondes entspricht. Wenn Gruppen von Frauen eng zusammenleben, sich etwa im Internat einen Schlafraum teilen, synchronisiert sich ihr Zyklus nach einer Weile im Einklang mit dem Mond.

Schließlich wird der Mond auch mit besonders intensiven Träumen in Verbindung gebracht sowie mit der kreativen Kraft der Fantasie. Daher gilt diese Karte für Maler, Schriftsteller und alle, die mit ihren Träumen arbeiten möchten, als gutes Omen.

Umgekehrt zeigt der Mond, dass wir diesen starken Kräften Widerstand entgegenbringen. Möglicherweise versuchen wir einen mächtigen Instinkt zu leugnen oder wollen alles aus einem engen, rein rationalen Blickwinkel heraus betrachten. Eine derartige Verleugnung unserer wilderen Natur kann zu Nervosität und Gefühlsausbrüchen führen. Dann ist es an der Zeit, dass wir auch die Teile unserer selbst zu akzeptieren lernen, die uns peinlich sind, zum Beispiel die monatliche Regelblutung.

XIX

DIE SONNE

☆ ☆ ☆ ☆ ☆ ☆ ☆

SCHLÜSSELBEGRIFFE
Licht, Glücklichsein, kindlich, Einfachheit, Rationalität

ASTROLOGIE
Die Sonne

NOTE
D

GABE
Freude

HERAUSFORDERUNG
Akzeptanz

Als eine der erfreulichsten Karten überhaupt zeigt uns die Sonne das Leben von seiner fröhlichen und leichten Seite. Das Kind reitet zum Garten hinaus, die Blumen stehen in voller Blüte, und die hellen Sonnenstrahlen wärmen und erfreuen den Knaben (oder handelt es sich um ein Mädchen?) auf seinem Weg. Diese Bedeutung, schiere Freude, kommt insbesondere nach schweren Zeiten zum Tragen, wenn man etwa eine Krankheit, Probleme in der Familie oder viel Stress hinter sich hat. Die Sonne liegt häufig in den Karten, wenn man gerade alle Examina erfolgreich absolviert hat und jetzt ordentlich feiern möchte. Solltest du dich noch mitten im Stress befinden, also vielleicht die Hälfte deiner Prüfungen noch vor dir haben, dann verheißt die Sonne, dass bald alles vorbei ist und höchstwahrscheinlich auch ein gutes Ende nehmen wird.

Das kleine Kind auf der Karte symbolisiert kindliches Glück und die einfachen Vergnügungen. In Krisenzeiten kann dich das ermahnen, auch mal etwas nur so zum Spaß zu unternehmen. Ein Picknick, spielen, spazieren gehen. Auch wenn es regnet (oder in der Nacht): Irgendwo scheint immer die Sonne. Man braucht keinen Vorwand, um Spaß zu haben.

Die Sonne schenkt uns Freiheit. Probleme verschwinden, jedenfalls für den Augenblick, und das Leben ist einfach wunderbar. Vergleich diese Karte mit dem Narren.

Beide zeigen einen glücklichen jungen Menschen und ein Tier im schönen Sonnenschein. Niemand macht sich Gedanken über die Zukunft oder auch nur über den nächsten Augenblick. Obwohl durchaus Gefahren lauern (etwa der steile Abhang), bewegen sich alle ganz unbefangen im Hier und Jetzt. In den meisten Tarot-Ausgaben haben die Feder, die das Kind im Haar trägt, und die am Hut des Narren dieselbe Farbe.

DER NARR

Die Bedeutung der beiden Karten ist jedoch nicht hundertprozentig identisch. Während der Narr Symbol für ein Handeln ist, dem keinerlei bewusster Plan zugrunde liegt, wohnt der Sonne bei all ihrer kindlichen Einfachheit doch auch die Bedeutung des rationalen Denkens inne. Und zwar, weil wir im prallen Sonnenschein alles ganz klar sehen. Die Dunkelheit legt das Unbewusste frei, und die Sonne führt uns zu unserem bewussten Ich zurück.

Im Vergleich zur vorhergehenden Karte wird das noch deutlicher. Wenn du die Beschreibungen der Reihe nach gelesen hast und auch schon die Bedeutung des Mondes kennst (viele Leute lesen Tarot-Bücher nicht etwa, wie einen Roman, von Anfang bis Ende durch, sondern interessieren sich eher für die einzelnen Karten, die nach und nach aufgedeckt werden), fällt dir wahrscheinlich auf, dass die Sonne im Vergleich zum Mond sehr unkompliziert wirkt.

Das liegt in der Natur der Sache. Denk nur an das fahle Licht, das der Mond reflektiert. Man erkennt zwar etwas, kann aber nichts deutlich sehen. Alles wirkt irgendwie verschwommen, mysteriös, während es im Sonnenlicht klare Konturen annimmt. Was an unheimlichen Gefühlen oder Ängsten im Mondschein hochkommt, verzieht sich bei Tageslicht oder kommt einem nur noch lächerlich und unbedeutend vor. Während der Mond das Unbewusste und die Fantasie symbolisiert, steht die Sonne für das rationale Denken.

Der Einfluss der Sonne verbessert ganz einfach das Denkvermögen, sodass du dir diese Karte nur wünschen kannst, wenn du endlich mit deinen Matheaufgaben anfangen willst. Umgekehrt sind (mindestens) zwei verschiedene

Möglichkeiten denkbar. Alle positiven Bedeutungen bleiben gültig, sind aber nicht ganz so ausgeprägt. Es ist, als würde die Sonne von einer Wolke bedeckt. Das Licht trübt sich, es wird kühler, die Aufregung legt sich ein bisschen. Im Grunde aber verändert sich eigentlich nichts. Keine Katastrophe macht die Freude zunichte. Es wird nur ein bisschen schwerer, sich ihrer zu besinnen. Der Grund können Sorgen sein oder auch Stress. Wenn die Sonne von anderen Karten bestärkt wird, solltest du auf keinen Fall zulassen, dass dich irgendetwas davon abhält, sie nach Herzenslust zu genießen.

Die zweite Bedeutung kommt zum Tragen, wenn die anderen Karten auf etwas Ernstes hindeuten. Dann kann die umgekehrte Sonne ein Zeichen dafür sein, dass wir nicht bereit sind, uns mit realen Problemen auseinander zu setzen. Dann versuchen wir uns vielleicht wie ein glückliches Kind aufzuführen, während unser Erwachsenen-Ich darauf angewiesen wäre, dass wir den Tatsachen ins Auge blicken.

XX

GERICHT

GERICHT

☆ ☆ ☆ ☆ ☆ ☆ ☆

SCHLÜSSELBEGRIFFE
Veränderung, Wiedergeburt, neue Möglichkeiten, Ganzheit

ASTROLOGIE
Planet Pluto

NOTE
C

GABE
Neues Leben

HERAUSFORDERUNG
Zögern

Bei dieser Karte reagieren die meisten auf den Namen, den sie trägt. Sie meinen, es würde über sie gerichtet beziehungsweise sie müssten mit sich selbst ins Gericht gehen oder sich beurteilen. Häufig vermutet man auch, man müsse andere beziehungsweise eine Situation bewerten oder ein »gutes Urteilsvermögen« an den Tag legen (wie Eltern und Lehrer gern sagen). Dabei hat diese Karte mit all dem gar nichts zu tun.

Ihre Bezeichnung erklärt sich aus dem traditionellen christlichen Glauben an ein jüngstes Gericht. Wenn Christus auf die Erde zurückkehrt, wird Erzengel Gabriel angeblich in ein großes Horn blasen und die Toten in ihren Gräbern erwecken. Dann soll jeder Mensch von irgendeinem himmlischen Richter entweder in den Himmel geschickt oder in die Hölle verbannt werden.

Genau wie auf (mittelalterlichen) Renaissancegemälden, die dieses Thema zum Gegenstand haben, sieht man auch auf unserer Karte in der Mitte die von den Toten Erweckten. Dort geht aber immer links eine Hand voll Glücklicher einen Hügel hoch dem goldenen Licht entgegen, während sich rechts eine größere Gruppe jämmerlicher Gestalten zum Teufel aufmacht.

Schau dir jetzt unsere Karte an. Auferstanden sind die Toten, sie sind aber nirgendwohin unterwegs. Keiner erklimmt ein fernes verschwommenes Paradies, niemand geht Folterungen entgegen. Kein Mensch wird gerichtet. Die letzten vier Worte habe ich hervorgehoben, weil sie etwas Wichtiges über den Tarot aussagen. Die Karten beurteilen dich nicht. Sie heißen dich nicht gut, missbilligen dich aber auch nicht. Sie können dir lediglich dabei behilflich sein, dich mit dir zu beschäftigen. Was gut oder schlecht, richtig oder falsch ist, entscheidest du ganz allein.

Wenn wir die Trümpfe in drei Siebenerreihen auslegen, liegt das Gericht, die vorletzte Karte, an sechster Stelle in der dritten Reihe. Darüber befinden sich in der zweiten Reihe der Tod und in der obersten die Liebenden.

Liebe, Tod und Wiederauferstehung. Wir überantworten uns der Liebe, verabschieden uns von alten Gewohnheiten, lassen sie sterben und erheben uns voller Freude, um etwas Neues willkommen zu heißen. (Einen solchen Vergleich kannst du auch mit anderen Karten anstellen, um herauszufinden, welches Licht sie jeweils aufeinander werfen.)

Im Grunde ähnelt das Gericht den Liebenden. Auch hier sehen wir wieder einen Engel über einem Mann und einer Frau. Nur dass sie diesmal ein Kind in ihrer Mitte haben. Es symbolisiert die neuen Chancen, die sich uns möglicherweise eröffnen, sowie wir beginnen, auf die innere Stimme zu hören, die uns auffordert, eingetretene Pfade zu verlassen. Da wir dieses neue Leben in seinen Einzelheiten noch nicht kennen, können wir das Gesicht des Kindes nicht sehen. Wir sind darauf angewiesen, auf eine positive Zukunft zu vertrauen.

Genau wie der Tod das Ende von etwas markiert, so lässt auch das Gericht auf eine bedeutende Wende zum Besseren hin schließen. Es ist die Karte von Menschen, die eine Depression oder eine vergleichbare Krise überstanden haben. Wenn du dich in eine Situation hineinmanövriert hast, wie sie der Teufel symbolisiert, und in der es ganz so ausgesehen hat, als wärest du deines wahren Ichs verlustig gegangen (traurig aber wahr: daran ist in vielen Fällen, wenn auch längst nicht immer, die Sexualität schuld, wahrscheinlich deshalb wirkt der Teufel auch wie eine verzerrte Variante der Liebenden), dann also will dir das Gericht sagen, dass mit all dem jetzt Schluss ist – auch wenn du es noch lange nicht mitbekommst.

Die Veränderung, die im Gericht zum Ausdruck kommt, betrifft nicht allein den Fragenden. Wann immer jemand an Glück oder Freiheit gewinnt, hat das auch Auswirkungen auf andere, zum Beispiel auf Familie, Freunde, Partner und Partnerinnen. Deshalb sehen wir im Hintergrund weitere Menschen, die ebenfalls ihrem »Grab« entsteigen und jubelnd die Arme hochreißen.

Alle Menschen auf dem Bild sind nackt, denn Nacktheit ist nicht nur ein Symbol für den Neuanfang, sondern auch für vollkommene Offenheit. Wenn du ein Geheimnis hast oder mit wichtigen Aspekten deiner Persönlichkeit hinterm Berg hältst, dann fordert das Gericht dich auf, reinen Tisch zu machen. Ein Beispiel könnte sein, dass du deine Sexualität nicht offen lebst. Insbesondere wenn das Gericht mit dem Stern zusammen auftritt, gibt es dir zu verstehen, dass du mit dem Herumlavieren Schluss machen und zeigen solltest, wer du eigentlich bist. Wenn du dich selbst akzeptierst, kann sich jeder mit dir freuen. Ein anderes Beispiel wäre etwa, dass du davon träumst, zu malen, zu schreiben oder an einem Wertbewerb in einer Sportart teilzunehmen, in der du dich bisher noch nie versucht hast.

Das möglicherweise wichtigste Symbol der gesamten Karte aber ist die Trompete. Das Gericht kann dir den Anstoß geben, etwas zu tun, wovor du dich bislang immer gefürchtet hast. Die Trompete stellt ein Signal dar, einen Aufruf, den wir ganz tief in unserem Inneren hören können. Steh auf, besagt er, jetzt musst du nicht mehr leiden oder dich verstecken.

Umgekehrt stehen die Zeichen ebenfalls auf Neuanfang. Wir ziehen aber keine Konsequenzen daraus, sondern klammern uns an unsere Ängste, halten an unguten Beziehungen oder Selbstzweifeln fest, weil wir das für einfacher halten. Im tiefsten Herzen aber wissen wir, dass es damit jetzt vorbei ist.

XXI

DIE WELT

☆ ☆ ☆ ☆ ☆ ☆ ☆

SCHLÜSSELBEGRIFFE
Erfolg, Erfüllung, Macht, Anmut

ASTROLOGIE
Planet Saturn

NOTE
A

GABE
Erfolg

HERAUSFORDERUNG
Stagnation

Am Ende der Großen Arkana steht die Welt. Die letzte Karte – sozusagen das »Glücklich-bis-an-ihr-Lebensende«-Motiv –, steht für großen Erfolg. Egal, worum es geht, Beziehung, Ausbildung, Familie, Reise mit Freunden –, die Welt besagt, dass alles gut wird. Darüber hinaus verheißt sie auch, dass etwas, das bislang verworren oder unkenntlich war, jetzt klar wird. Diese Bedeutung ergibt sich aus der Ähnlichkeit mit dem Rad des Schicksals (siehe S. 68f.), das ähnliche Motive aufweist, allerdings bedeutend mysteriöser.

Diese beiden möglichen Bedeutungen, Erfolg und Klarheit, machen die Welt zu einer wunderbaren Karte, wenn es um Examina oder andere Leistungsprüfungen geht. Sie spricht auch für Erfolg im Sport und bei anderen Wettbewerben.

Mit der Welt schließt sich der Kreis, an dessen Anfang der Narr stand. Das Oval um die Tänzerin auf der Welt-Karte bildet einen Siegeskranz und hat zugleich die Form der Ziffer Null, der des Narren. Das Oval auf beiden Karten erinnert an ein Ei, das Symbol für große Chancen. Was sich allerdings genau aus den Erfolgen der Vergangenheit ergeben wird, können wir noch nicht wissen.

Wenn du die Erläuterungen zu den Karten der Reihe nach gelesen hast, erinnerst du dich vielleicht noch, dass wir den Magier und die Hohepriesterin als zwei entgegengesetzte Pole betrachtet haben. Hier, in der Welt-Karte, finden beide nun symbolisch zusammen. Die Tänzerin hat den Zauberstab des Magiers in der Hand, und mehr als das: Es sind derer sogar zwei, einer auf jeder Seite, wie bei den Säulen der Hohepriesterin. Darüber hinaus verbinden sich in der Zahl der Welt, der 21, die Ziffer der Hohepriesterin, 2, mit der des Magiers, 1.

Aber was hat es zu bedeuten, dass die Welt eine Synthese der beiden Grundkarten darstellt? Nun, obwohl die Karte eine sehr feminine Tänzerin zeigt, kann man feststellen, dass sich in ihr männliche und weibliche Eigenschaften verbinden. In manchen Tarotdecks ist die Tänzerin sogar mit den körperlichen Merkmalen der beiden Geschlechter ausgestattet, sieht also wie ein Hermaphrodit aus. Man könnte in der Karte daher einen Appell sehen, Werte wie »männliche« Durchsetzungsfähigkeit und »weibliches« Einfühlungsvermögen miteinander zu vereinen. Was aber vielleicht noch wichtiger ist: Aus der Verbindung des Magiers mit der Hohepriesterin entsteht die Aufforderung, unser gesamtes Potenzial auszuschöpfen. Diese Bedeutung richtet sich an jeden, der meint, sich gewissen sozialen Standards oder Gruppenzwängen unterwerfen zu müssen. Die Aussage der Karte lautet: Sei ganz du selbst.

Dass der Gehängte der Welt ähnelt, wenn man ihn auf den Kopf stellt, haben wir bereits erwähnt. Auch seine Zahl, die Zwölf (beziehungsweise eine umgekehrte 21), setzt sich aus den Ziffern Eins und Zwei zusammen. Diese Karte zeigt einen unabhängigen Geist beziehungsweise einen Zustand, in dem einen die Leute vielleicht für ein bisschen plemplem oder zurückgeblieben halten, man selbst aber auf seine eigenen Werte baut. In der Welt kommt dieselbe Idee zum Ausdruck, allerdings bedeutend dynamischer. Beim Gehängten müssen

wir uns von anderen lösen, um zu unseren eigenen Überzeugungen finden zu können. Hier bewegen wir uns voller Freiheit und Freude und im vollen Vertrauen darauf, dass wir schon wissen, was wir tun.

DER NARR

DIE WELT

Wenn du dir die Karten der Großen Arkana genau betrachtest, wirst du feststellen, dass die Körperhaltung der Menschen, die darauf abgebildet sind, starr ist. Sie sitzen beziehungsweise stehen (oder hängen kopfüber), rühren sich aber eigentlich nicht. Nur der Narr und die Welt zeigen Leute, die in Bewegung sind: einmal der Narr mit seinem sorglosen Gang und dann die Tänzerin mit ihren fliegenden Haaren und den geöffneten Armen.

Sowohl am Anfang als auch am Ende der großen Arkana stehen also Bilder der Vollkommenheit. Für den Narren – die Nummer 0 – ist alles möglich, weil er handelt, ohne größer nachzudenken. Nachdem alle Stadien durchlaufen sind, kehrt die Welt in einen Zustand der Perfektion zurück – im Wissen darum, wer sie ist. Der Narr symbolisiert die Unschuld, die Welt die Weisheit.

Umgekehrt spricht die Welt für eine gewisse Stagnation. Projekte oder Hoffnungen haben sich nicht direkt zerschlagen, und letztlich steht die Welt auch in diesem Fall für Erfolg. Für den Augenblick aber sorgen Verzögerungen, Zweifel oder Ängste noch dafür, dass etwas in der Schwebe bleibt.

DIE KLEINEN ARKANA

Während die Großen Arkana die großen Prinzipien behandeln, spiegeln sich in den Kleinen Arkana einzelne Ereignisse wider. Wenn zum Beispiel dein Onkel, den du nie besonders leiden konntest, bei dir einziehen will, kann dir eine Karte der Großen Arkana Anhaltspunkte geben, wie du am besten mit der Situation umgehst. (Die Mäßigkeit könnte dir etwa raten, nicht den Kopf zu verlieren und dich ganz auf dich zu konzentrieren.) Informationen darüber, was dich konkret erwartet und was du selbst tun kannst, erhältst du aber eher von den Karten der Kleinen Arkana. (Der Vier der Schwerter könntest du entnehmen, dass dein Onkel viel Ruhe braucht, während die Zehn der Münzen vermuten lässt, dass er mehr zu bieten hat, als dir bewusst ist.)

Die Kleinen Arkana bestehen eigentlich aus zwei Teilen, den nummerierten beziehungsweise »Augenkarten«, und den so genannten Bild- oder Hofkarten. Die Hofkarten beziehen sich auf bestimmte Menschen, die in unserem Leben eine Rolle spielen, oder auf Eigenschaften von uns selbst oder anderen. Ich widme ihnen in diesem Buch einen eigenen Abschnitt. Die Augenkarten demonstrieren, was ein Mensch tut und was ihm zustößt, sie stellen also eine Art Enzyklopädie des Alltagslebens dar. Vierzig Augenkarten gibt es. Wenn wir auch die umgekehrten Bedeutungen mit einbeziehen, ergeben sich achtzig verschiedene Möglichkeiten. Das kann einem schon viel vorkommen, wenn man aber bedenkt, dass man bei einer Deutung in der Regel jede Karte auch noch mit anderen kombiniert und sie darüber hinaus mit den Fragen in Verbindung bringt, die wir stellen, dann ist den Aussagen, die diese Karten treffen, quantitativ praktisch keine Grenze gesetzt.

Wenn du dich nun fragst, wie um alles in der Welt du den Überblick über diese vierzig Karten nebst all ihren Bedeutungen und umgekehrten Bedeutungen behalten sollst, dann lautet die Antwort glücklicherweise: Das musst du gar nicht. Selbstverständlich kannst du jederzeit im Buch nachschlagen. Aber nicht nur das. Die Kleinen Arkana, Augen- und Hofkarten zusammen, bilden ein System in sich. Sobald man das einmal verstanden hat, ist es gar nicht mehr so schwer, die Bedeutung einer Karte herauszufinden.

Und noch etwas sehr Wichtiges: Im Grunde musst du die »offiziellen« Bedeutungen, die in Büchern wie diesem vorgestellt werden, gar nicht kennen.

Wenn du dir einfach nur die Bilder anguckst, ist das vollkommen ausreichend. Aus Büchern erfährst du eine Reihe von Interpretationsmöglichkeiten, aber jeder, der schon etwas länger mit den Karten arbeitet, wird dir bestätigen, dass die Zeichnungen schnell ein Eigenleben entwickeln. Schau dir zum Beispiel die Zwei der Schwerter an.

Arthur Edward Waite, auf dessen Vorgaben die Bilder der Zeichnerin Pamela Colman Smith beruhen, sagt über diese Karte: »Übereinstimmung und das damit angedeutete Gleichgewicht, Mut, Freundschaft, Einigkeit der Waffen; eine andere Auslegung: Zärtlichkeit, Zuneigung, Vertraulichkeit.« Kommt dir das in den Sinn, wenn du die Zeichnung betrachtest? Mut oder auch Gleichgewicht vielleicht. Aber Freundschaft, Intimität? Statt dass wir nun auf Teufel komm raus versuchen, uns an den Waite-Text zu erinnern, können wir Fragen zu dem Bild stellen, wie etwa: Wer ist diese Frau? Was hat sie veranlasst, bei abnehmendem Mond mitten in der Nacht das Haus zu verlassen und sich an einen felsigen Küstenstreifen zu setzen? Warum trägt sie eine Augenbinde? Weshalb hat sie zwei Schwerter auf ihren Schultern? Die Interpretationen, die ich in diesem Buch vorschlage, reflektieren in einem hohen Maß Fragen dieser Art, wie nicht nur ich sie mir seit vielen Jahren stelle. Du kannst genauso vorgehen. Auch du kannst diese Fragen stellen – wie natürlich auch jede andere, die sich dir aufwirft. Und wenn du jemand anderem die Karten legst, kannst du dich zum Beispiel erkundigen, was er wohl über die Frau denkt.

Auch wenn man ganz unmittelbar mit den Bildern arbeitet, kann es nicht schaden, das System dahinter zu verstehen. Falls du übrigens andere Tarotkarten benutzt als die, die in diesem Buch abgebildet sind, kannst du dich natürlich auch von meinen Beschreibungen leiten lassen. Nimm dann aber unbedingt auch die Ideen ernst, die dir aufgrund der anderen Zeichnungen in den Kopf kommen. Vieles von dem, was ich schreibe, leitet sich direkt aus den Bildern ab, die ich verwende. Diese Methode der Arbeit mit den Karten ist übrigens immer zu empfehlen, unabhängig davon, welches Tarotblatt man verwendet. Trotzdem ist es sehr nützlich, wenn man den Ursprung der Motive kennt.

Die Kleinen Arkana bestehen aus vier Sätzen beziehungsweise Farben; sie heißen Stäbe, Kelche, Schwerter und Münzen. Teilweise werden aber auch andere

Bezeichnungen verwendet. Die Münzen zum Beispiel heißen in manchen Tarotdecks auch Pentagramme, Pentakel oder Scheiben, und in sehr modernen Kartensätzen begegnet man Bezeichnungen wie »Kristalle« oder »Schilder«. Die Namen, die wir in diesem Buch verwenden, sind die am weitesten verbreiteten. Jede Farbe geht vom Ass bis zur Zehn. Darüber hinaus gibt es je vier Hofkarten, Bube, Ritter, Königin und König. Jede Farbe hat ihre ganz eigene Energie, genau wie auch jede Zahl und jede Hofposition spezielle Wesenszüge verkörpert. Die Bedeutung einer Karte ergibt sich aus der Kombination von Farbe und Zahl.

Daher ist es nicht nötig, dass du dir die 56 Karten einzeln einprägst. Lediglich die Bedeutung der Farben und Zahlen musst du dir merken. Manche Leute arbeiten ausschließlich so. Dem »subjektiven« Zugang zu den Karten, bei dem man die Bilder eine Geschichte erzählen lässt und der dazu führen kann, dass die Frau auf der Zwei der Schwerter für dich vielleicht etwas ganz anderes bedeutet als für mich, können sie überhaupt nichts abgewinnen. Diese Leute verwenden dann auch häufig ältere Kartenspiele wie zum Beispiel den Tarot von Marseille, bei dem die Augenkarten nicht szenisch gestaltet sind.

Die meisten modernen Tarotdeuter arbeiten aber nicht ausschließlich mit den traditionellen Interpretationen, sondern gehen auch spielerisch mit den Bildern um und stellen sich selbst und dem Klienten Fragen wie »Wer ist diese Frau?« und »Warum trägt sie eine Augenbinde?«.

Die speziellen Eigenschaften der Farben gehen auf eine uralte Tradition zurück, die als Lehre von den »Elementen« in unterschiedlichen Varianten auf der ganzen Welt bekannt ist, von Irland über China bis hin zu den Ureinwohnern Amerikas. Die Lesart, auf die sich nicht nur der Tarot beruft, sondern auch die Astrologie, stammt von den alten Griechen. Seinerzeit fragten sich die Menschen, aus welchen Grundenergien sich wohl die Welt zusammensetze. Und sie kamen zu dem Ergebnis, dass alles aus vier elementaren Dingen bestehe: Feuer, Wasser, Luft und Erde.

Heute wissen wir natürlich, dass das keineswegs die Grundbausteine des Lebens oder der Erde sind. Feuer entsteht aus chemischen Reaktionen, Wasser, Luft und Erde (Schmutz) enthalten nicht nur große Mengen mikroskopisch kleiner Kreaturen, sondern auch zahlreiche tatsächliche chemische Elemente wie

Sauerstoff, Eisen oder Wasserstoff. Zudem kennt die moderne Naturwissenschaft nicht nur subatomare Partikel, zum Beispiel Elektronen, sondern sogar sub-subatomare, die so genannten Quarks.

Zum Verständnis von Erfahrungen und Verhalten sind die »Elemente« der alten Griechen aber auch heute noch hilfreich, ganz abgesehen davon, dass sie natürlich nach wie vor die Grundlage des Tarots und der Astrologie bilden sowie sogar gewisser Überlegungen auf dem Gebiet der Medizin. Sollte dir allerdings an einer größeren Nähe zu den modernen Naturwissenschaften gelegen sein, so können wir die vier Elemente auch auf die Aggregatszustände der Materie übertragen. Dinge existieren in Form von Gas (Luft), in flüssigem (Wasser) oder festem Zustand (Erde). Wasser zum Beispiel kommt als Dampf, Flüssigkeit oder Eis vor. Unter dem Einfluss von Wärme (Element Feuer) schließlich verändern sich die Aggregatszustände.

Im Tarot entsprechen die vier Elemente unseren verschiedenen Erfahrungen. Feuer (Stäbe) steht für Optimismus, Handlung, Energie, Bewegung, Begeisterung, Inspiration und Eifer. Wasser (Kelche) drückt Liebe, Gefühl, Beziehungen, Fantasien, Träume aus. Luft (Schwerter) hat mit Verstand, Ideen, Kummer, Konflikt, Mut, Diskussion, Entscheidung zu tun. Und die Erde (Münzen) zeigt uns die materielle Welt: Natur, Arbeit, Geld, Heim, Sicherheit und Stabilität.

All diese Dinge greifen natürlich ineinander über. Letzten Endes geht es bei allen Farben sowohl um Gefühle als auch um Arbeit. Freunde, Familie und Partner spielen ebenfalls bei jeder Farbe eine Rolle. Trotzdem steht jeweils ein unterschiedlicher Zugang zum Leben im Vordergrund.

Schauen wir uns ein paar Beispiele an. Bei der Befragung der Karten geht es meistens um die Liebe, insbesondere um neue Bekanntschaften. Nimm also einmal an, du wolltest mit jemandem aus deinem Geschichtskurs ausgehen. Du legst dir also die Karten und stellst fest, dass eine Farbe dominiert. Bei den Stäben stünden der Thrill und der Reiz des Neuen im Vordergrund. Bei den Kelchen ginge es um starke Gefühle, um Fantasien, die sich um eine bestimmte Person drehen, und vielleicht auch um die Möglichkeit einer intensiveren Beziehung. Die Schwerter würden die Kommunikation hervorheben, möglicherweise aber auch Konflikte, Ängste oder Sorgen. Und die Münzen schließlich würden sowohl auf gemeinsame Interessen hindeuten als auch auf eventuelle praktische Probleme, mit denen ihr zwei es in einer Beziehung zu tun bekommen könntet.

Wenden wir uns jetzt einem anderen Gebiet zu. Angenommen, du konsultierst die Karten in Bezug auf ein Rechercheprojekt für die Schule. Eine Stäbe-Betonung würde bedeuten, dass du zwar über viel Energie und Begeisterungsfähigkeit verfügst, dich aber entscheiden musst, worauf du dich konzentrieren möchtest. Viele Kelche würden darauf hindeuten, dass du zwar in der Lage bist, ganz fantastische Ideen zu entwickeln, aber ruhig etwas mehr Mühe darauf verwenden könntest, sie auch zu realisieren. Viele Schwerter würden verraten, dass du nicht nur gute Ideen hast, sondern auch ganz genau weißt, was du tun musst, um sie umzusetzen. Da du dich aber am liebsten sofort kopfüber in die praktische Arbeit stürzen möchtest, kann dir leicht etwas durch die Lappen gehen. Die Aussage der Münzen schließlich würde darin bestehen, dass du hart arbeitest und auch mit großer Entschiedenheit bei der Sache bist, dich aber möglicherweise ein bisschen zu sehr in den Details verlierst.

An diesem Beispiel kann man sehr gut erkennen, dass jede Farbe über ihre ganz eigenen Stärken und Schwächen verfügt. Denk an die Elemente. Ein Brand entsteht leicht, aber Feuer ist ziemlich diffus. Gerät es außer Kontrolle, kann es immensen Schaden anrichten. Genauso ist es mit der Begeisterungsfähigkeit der Stäbe. Sie kann dich beflügeln, aber auch zu einem Burn-out-Syndrom führen, sodass bei aller Energie, die du investierst, nichts Vernünftiges herauskommt. Wasser kann sanft, reinigend und entspannend sein. Aber zu viel davon, und es besteht die Gefahr, dass du ertrinkst. Die Kelche stehen für Liebe und Fantasie. Verlieren wir aber den Kontakt zur Wirklichkeit, kann es sein, dass wir uns in unseren Gefühlen verheddern. Die Luft wirbelt herum und belebt, ein Sturm aber kann dich umwerfen. Die Schwerter ermöglichen es uns, alles so deutlich zu erkennen wie an einem klaren Wintertag, allerdings kann man sich auch so in dem Bemühen verfangen, jedes kleinste Detail analysieren zu wollen, dass man zu überhaupt nichts kommt. Die Erde ist stabil, wir können darauf stehen, sie berühren. Aber versuch nur einmal, einen Felsen vom Fleck zu bewegen. Die Münzen bringen unsere hart arbeitende Seite zum Vorschein. Wir können aber auch so schwer schuften, dass wir darüber ganz vergessen zu leben.

Was es mit den Farben und den dazugehörigen Elementen auf sich hat, wissen wir jetzt. Was aber ist mit den Zahlen? Sie folgen – und das ist bei allen Farben gleich – einem bestimmten Entwicklungsmuster: von der Reinheit des Asses hin zur Komplexität der Zehn. Wenn du dir einmal verschiedene Tarotbücher anschaust, wirst du feststellen, dass die Zahlen unterschiedlich gedeutet werden, teilweise je nach den Karten, die die Autoren verwenden, und teilweise, weil sie sich nach differierenden Interpretationssystemen richten. Die folgende Aufstellung hält sich an das Deutungsmuster, das am weitesten verbreitet ist.

ASS – der Ursprung der jeweiligen Farbe in seiner ganzen Reinheit. Die Asse sind die einfachsten Karten: Aus einer Wolke ragt eine Hand heraus, die uns das entsprechende Emblem überreicht, den Stab, den Kelch, das Schwert oder die Münze. Die Asse sind wie ein Geschenk, ein Zeichen dafür, dass wir in diesem Moment über die entsprechende Energie verfügen.

ZWEI – Dualismus, freie Wahl. Fügen wir dem Ass eine weitere Eins hinzu, nimmt die Komplexität zu, und wir haben es nicht mehr mit dem reinen Element zu tun. Jetzt muss es umgesetzt werden. Und das bedeutet, eine Wahl zu treffen.

DREI – etwas Erzeugtes, erste Ergebnisse der spezifischen Energie der betreffenden Farbe. Die Drei kommt in allen Symbolsystemen der Welt vor, was sich vermutlich darauf zurückführen lässt, dass alle Menschen einen Vater und eine Mutter haben. Jeder von uns ist sozusagen ein Dritter, nämlich das Kind seiner Eltern. Im Tarot zeigen daher die Dreien, wie das Element zum Leben erwacht.

VIER – Struktur. Die Grundform eines Hauses besteht aus vier Wänden plus Boden und Dach. Da sich die Erde auf einer Achse dreht, kennen wir vier Himmelsrichtungen: Nord, Süd, Ost und West. Auch der Körper lässt uns vier Richtungen wahrnehmen: vorne (was wir sehen können), hinten (was wir nicht sehen können), rechts und links. Nicht zu vergessen die vier Jahreszeiten mit ihren vier Höhepunkten: den zwei Tag-und-Nacht-Gleichen und den beiden Sonnenwenden. Aus allen diesen Gründen steht die Zahl Vier für Struktur und die Art und Weise, wie wir die Energie der Farbe nutzen, um eine Form zu gestalten.

FÜNF – Probleme, Schwierigkeiten, Verlust. Dass die Fünfen der Kleinen Arkana so negativ wirken, wird auf verschiedene Gründe zurückgeführt. Im Allgemeinen jedoch verweist man auf den Lebensbaum in der Kabbala, wo die fünfte Position, Geburah, die Härte des Lebens repräsentiert, die schmerzlichen Erfahrungen, die uns zu wachsen helfen. Die Tarotkommentatorin Gail Fairfield meint, die Zahl Fünf verkörpere die Zeit, also die Tatsache, dass etwas verfallen, zu Ende oder kaputt gehen kann. Wie auch immer, die Fünfen konfrontieren uns mit den Mühen des Lebens.

SECHS – Kommunikation, Teilen, Mitteilen. Viele sehen es so, dass wir nach den Prüfungen der Fünf mit der Sechs nun zu einer positiven Haltung zurückfinden. Im Lebensbaum ist die sechste Position das Herz. Sie heißt Tiferet, was »Schönheit« bedeutet. Für mich haben die Sechsen alle etwas mit Kommunikation – Mit-Teilen – zu tun, insbesondere geht es darum, dass eine zentrale Person etwas von dem, was sie hat, abgibt, oder anderen hilft.

SIEBEN – Stärke, Energie. Von der Sieben scheint neue Energie auszugehen, die Bereitschaft, sich auf etwas einzulassen und Herausforderungen anzunehmen. Von manchen wird die Sieben auch »Sieg« genannt. Wenn du dich erinnerst, dass wir die Großen Arkana in drei Siebenergruppen unterteilt haben, weißt du bestimmt auch noch, dass die Karten sieben, vierzehn und einundzwanzig alle eine Art Triumph zeigten. Bei den Farben der Kleinen Arkana sind die Siebenen ein Hinweis auf ein neues Energieniveau.

ACHT – Bewegung. Jetzt nähern wir uns dem Ende und scheinen an Geschwindigkeit zuzulegen. Bei den Achten geht es um die Frage, wie wir uns durch das Leben bewegen, sei es mit der Schnelligkeit der Stäbe, der Bereitschaft, etwas hinter uns zu lassen (Kelche), blockiert wie in den Schwertern oder durch ständiges Arbeiten wie bei den Münzen.

NEUN – Die letzte einstellige Zahl steht für Vollendung. Nach neun Monaten Schwangerschaft kommt ein Kind zur Welt. Vergleichbar verschaffen uns die Neunen der Kleinen Arkana ein Gefühl dafür, was diese Energie und dieses Element hervorbringen können. Erfreulich sind sie trotzdem nicht alle. Bei der Neun der Stäbe finden wir Stärke im Kampf, in den Kelchen sehen wir einen Menschen, der vermutlich zu ausgiebig gefeiert hat, bei den Schwertern deutet die Neun auf körperliche oder seelische Qualen hin. Nur bei den Münzen, der Farbe, die der materiellen Welt der Natur und der Arbeit gewidmet ist, kommt Freude auf.

ZEHN – Überfluss, Möglichkeit eines Neubeginns. Bei der Zehn haben wir zwei Ziffern, die Eins und die Null. Wenn wir daraus die Quersumme bilden, landen wir wieder bei der Eins. Vollkommen gegenstandslos sind die Zehnen deshalb natürlich nicht, denn die Energie hat hier ihren Höhepunkt erreicht. Am erfreulichsten ist die Zehn bei den Kelchen, spricht sie hier doch für ungetrübtes Glück. Der Schmerz, den diese Zahl in der Farbe der Schwerter verkörpert, ist dagegen extrem.

Jede Zahl steht für ein bestimmtes Thema. Was sich daraus ergibt, hängt jeweils von der Farbe und deren Grundeigenschaften ab. Es kommt vor, dass die Energie der Farbe der Energie der Zahl entgegenwirkt. Ein Beispiel dafür haben wir schon gesehen, die Acht der Schwerter. Die Acht steht für Bewegung. Wie kann es also sein, dass die Karte eine gefesselte Frau zeigt, die eine Augenbinde trägt? Schon das Emblem der Farbe, eine Waffe, verrät, dass wir es hier mit Konfrontation zu tun haben. Eine gefesselte Frau mit einer Augenbinde kann als Zeichen dafür gedeutet werden, dass wir uns an allen Ecken und Enden von Konflikten blockieren lassen. Das Thema der Acht ist und bleibt die Bewegung, jetzt aber in Form der Schwierigkeit, sich zu befreien. Die Schwerter – Element Luft – sind auch ein Symbol für geistige Aktivitäten. Häufig ist es der eigene Verstand, der einen davon abhält, sich zu bewegen, sprich: zu handeln. Unter solchen Umständen analysieren wir dann wie besessen jedes Detail, jede denkbare Möglichkeit, und zwar so lange, bis wir uns weder vor noch zurück bewegen können.

☆ ☆ ☆ ☆ ☆ ☆ ☆

SCHLÜSSELBEGRIFFE
Energie, Erregung, Begierde, Aktion

WESEN DES ELEMENTS
Feuer, Handeln

WESEN DER ZAHL
Ursprüngliche Energie

ASS DER STÄBE

Hast du auch schon einmal Situationen erlebt, in denen du über dermaßen viel Energie verfügt hast, dass du kaum stillsitzen konntest? Ist dein Optimismus gelegentlich so überwältigend, dass die Lage noch so kompliziert sein kann, du weißt ganz genau, dass alles gut wird, weil du nämlich dafür sorgen wirst, dass alles gut wird? Das ist die Gabe der Stäbe, speziell des Asses, das plötzlich ohne ersichtlichen Grund wie eine Hand aus der Wolke kommt. »Hier«, sagt es, »nimm. Mach dir diese wunderbare Energie auf die bestmögliche Art und Weise zunutze.«

Bei den Assen müssen wir uns immer vor Augen führen, dass ihr Einfluss mit großer Sicherheit nicht von Dauer ist. Du hast zwar das Gefühl, dass diese Energie ewig anhalten wird, aller Wahrscheinlichkeit nach kommen aber auch wieder schlechtere Zeiten. Die Asse sind wie Geschenke. Man kann nur hoffen, dass man von ihnen profitiert, solange sie vorhalten. Dies gilt vor allem, wenn das Ass in einer vorübergehenden Position liegt, wie etwa der »nahen Zukunft« im Keltischen Kreuz.

Der Stab auf dem Bild kommt etwas martialisch daher, wie eine Keule. Und tatsächlich nutzen wir unsere Energien ja manchmal, um andere herumzuschubsen, einfach, weil wir uns so viel stärker fühlen als sie und mehr Selbstvertrauen haben. Aber achte auch auf die jungen Triebe. Bei dem Stab handelt es sich um etwas Lebendiges. Hier kann etwas wachsen, man muss niemanden schikanieren.

Als erste Karte der »feurigen« Farbe der Inspiration ist das Ass der Stäbe gut, wenn man mit einem neuen Projekt beginnt, und überhaupt viel versprechend für jeden Neubeginn. Die Karte ist aber auch ein Symbol für sexuelle Energie, heiße Begierde. Wenn es in deinem Leben also einen Menschen gibt, mit dem du dich gern treffen oder den du näher kennen lernen möchtest, weil du Tag und Nacht an ihn denken musst, dann darfst du im Ass der Stäbe die Aufforderung sehen, geradewegs auf dein Ziel zuzugehen.

Umgekehrt kann diese Woge der Feuerenergie außer Kontrolle geraten. Vielleicht fällt es dir schwer, dich zu konzentrieren, oder du kannst nicht richtig schlafen, weil du unbedingt etwas tun willst. Manchmal lässt sich ein Projekt auch ganz gut an, zerschlägt sich dann aber, weil sich die ursprüngliche Energie erschöpft hat.

☆ ☆ ☆ ☆ ☆ ☆ ☆

SCHLÜSSELBEGRIFFE
Nicht genau wissen, was man will, Erfolg anstelle von Wünschen, Stabilität oder etwas Neues

WESEN DES ELEMENTS
Feuer, Handeln

WESEN DER ZAHL
Wahlmöglichkeiten

ZWEI DER STÄBE

Ein altes Sprichwort heißt »Lieber den Spatz in der Hand als die Taube auf dem Dach«. Was damit gemeint ist, wissen wir alle. Man sollte akzeptieren, was man hat, und nicht zugunsten von etwas Ungewissem darauf verzichten. Manchmal aber wollen wir mehr. Der Mann auf dem Bild hat nicht nur einen Spatz in der Hand, sondern gleich die ganze Welt. Die ist allerdings ziemlich klein. Er steht in seiner Burg und betrachtet alles, was jenseits liegt. Er ist im Besitz zweier wuchtiger Stäbe. Statt sie zu benutzen, etwa als Wanderstöcke, hat er sie an den Mauern seines Palastes befestigt. Er hat seine glühende Begierde, die Welt zu erkunden, sozusagen an die Kette gelegt.

Obwohl das Bild auf den ersten Blick nicht das Geringste mit unserem Alltag zu tun hat, ist es ein Symbol für ganz reale Situationen. Du hast schon länger eine Beziehung, sie läuft auch gar nicht so schlecht, selbst deine Eltern mögen den jungen Mann, und deine Freundinnen sind sogar ein bisschen neidisch auf dich. Im Grunde kommt ihr auch ganz gut klar, du könntest dir sogar vorstellen, dass eines Tages Liebe daraus wird. Und trotzdem ... Manchmal kommt dir das alles einfach zu eingefahren vor, du fragst dich, wie es wohl mit dem Typen wäre, den keiner mag oder akzeptiert, dem, der dir ein bisschen unheimlich ist, so, wie er dir immer nachschaut, wenn du das Klassenzimmer betrittst.

Oder du kannst gleich bei drei Firmen, von denen zwei zu den angesehensten der Branche gehören, eine Lehrstelle bekommen. Entscheidest du dich für eine davon, oder fängst du lieber in einem Alternativbetrieb an? Oder tust du vielleicht sogar etwas, von dem du dich gar nicht zu sprechen traust, gehst ins Ausland oder ziehst in eine fremde Stadt, ohne Job und ohne Wohnung, einfach nur so?

Wie du dich entscheiden sollst, sagt dir die Karte nicht. Sie kann dir aber dabei helfen, dass du Klarheit darüber gewinnst, was du dir eigentlich wünschst, und welche Chancen dir offen stehen. Was die besten Aussichten verspricht, entnimmst du den anderen Karten oder du lässt dich von deinem Bauchgefühl leiten.

Umgekehrt stehen die Zeichen eher auf Abenteuer. Der Reiz, den sicheren Hafen zu verlassen und etwas völlig Neues auszuprobieren, wird größer. Aber auch in diesem Fall musst du die übrigen Karten zurate ziehen, um ein Gefühl dafür zu bekommen, was das Beste für dich ist.

☆ ☆ ☆ ☆ ☆ ☆ ☆

SCHLÜSSELBEGRIFFE
Stärke, Entschlossenheit, Vertrauen

WESEN DES ELEMENTS
Feuer, Handeln

WESEN DER ZAHL
Etwas Erzeugtes

DREI DER STÄBE

Wir sehen die ruhige, stattliche Gestalt eines Mannes, der uns den Rücken zuwendet. Er steht aufrecht, aber entspannt auf einem Hügel, die Hand locker an einen seiner drei fest in die Erde gerammten Stäbe gelegt. Er wirkt stark und selbstsicher. Vor ihm erstreckt sich das von der Abendsonne in goldgelbes Licht getauchte Meer, zu erkennen nur an den Schiffen darauf, die »sein Handelsgut« (Waite) tragen. Neben »festgegründete Stärke, Unternehmungsgeist, Anstrengung, Geschäft, Handel, Entdeckung« kann diese Karte daher auch die Bedeutung »von möglicher Teilhaberschaft in Geschäften« annehmen.

In der Drei zeigt sich das Element in sehr reifer Form. Bei den Stäben wird aus der Vereinigung der Eins und der Zwei zu einer neuen Wirklichkeit die stille Sicherheit, etwas geleistet zu haben. Konkret: Dieses Bild bedeutet, dass wir an der soliden Grundlage dessen, was wir bereits erreicht haben, festhalten und uns zugleich für neue Interessen öffnen, gerade auch auf emotionalem Gebiet. Hältst du an einer Liebesbeziehung fest, schaust dich aber insgeheim auch nach einem anderen Partner um? Die Drei der Stäbe könnte ein Hinweis darauf sein.

Umgekehrt kann die bezogene Person das Gefühl dafür verlieren, was sie alles erreicht hat und zu schaffen vermag. Es fällt ihr vielleicht schwer, etwas Neues anzufangen. Empfehlenswert ist es unter Umständen, Rat und Hilfe bei anderen zu suchen.

VIER DER STÄBE

Die Vier der Stäbe ist eine der fröhlichsten Karten im gesamten Tarot. Genau wie bei der Zwei sehen wir auch hier Mauern, um genau zu sein, eine ganze Burg. Jetzt aber sind die Menschen nicht dahinter und schauen heraus, sondern befinden sich davor. Zwei Frauen bewegen sich auf eine Art Tor zu, das aus den vier Stäben besteht, zwischen denen eine Blumengirlande gespannt ist. Das deutet auf eine Feier hin, genau wie auch die Sträuße, mit denen die beiden winken. Die ganze Karte strahlt Vorfreude aus. Die einfachste Lesart verheißt daher eine gute Zeit, Party beziehungsweise Erholung von Stress und Belastung.

Was aber hat das mit Struktur zu tun? Manche Leute schlagen zunächst einmal die Bedeutung der einzelnen Karten nach, wogegen auch gar nichts zu sagen ist. Falls du dir aber auch schon die allgemeinen Erläuterungen zu den Zahlen durchgelesen hast (S. 111ff.), weißt du bestimmt noch, dass die Energie der Farbe der Energie der Zahl in manchen Fällen zuwiderläuft. Feuer mag im Grunde keine Struktur; es will brennen, ungehindert und mit voller Kraft. Daher nehmen wir nur die Idee einer Struktur – lediglich vier Stäbe und ein paar Blumen – und erhalten ein Bild der Freude.

Es ist aber auch noch eine subtilere Verbindung möglich. Die Energie der Stäbe ist oft kämpferisch, geradezu arrogant,

☆ ☆ ☆ ☆ ☆ ☆ ☆

SCHLÜSSELBEGRIFFE
Freude, Offenheit, Teilen, Feiern

WESEN DES ELEMENTS
Feuer, Handeln

WESEN DER ZAHL
Struktur

so als wolle ihr Feuer alles niederbrennen, was sich ihm in den Weg stellt. Durch eine Struktur wird diese Arroganz abgemildert und es entsteht ein Bild freundlichen Zusammenseins. Wenn du dich selbst (beziehungsweise jemand anderen) als aggressiv oder gehemmt betrachtest, sagt die Vier der Stäbe, dass du dein Schneckenhaus jetzt verlassen und dich mit Leuten umgeben kannst, die dich mögen.

Umgekehrt behält diese Karte ihre positive, fröhliche Bedeutung bei. Es kann allerdings eine Weile dauern, bis man seine Grenzen überschreitet.

FÜNF DER STÄBE

☆ ☆ ☆ ☆ ☆ ☆ ☆

SCHLÜSSELBEGRIFFE
Kampf, Aggression, Energie, Aufregung

WESEN DES ELEMENTS
Feuer, Handeln

WESEN DER ZAHL
Schwierigkeiten

Mit der Traurigkeit der Kelche, dem Elend der Münzen und der Niederlage der Schwerter sind die Fünfen die problematischsten Karten der Kleinen Arkana. Die Fünf der Stäbe ist dabei noch die positivste, was zum Teil daran liegt, dass das Element Feuer von Natur aus optimistisch und voller Selbstvertrauen ist. Das heißt, es kommt vielleicht zum Kampf, wir sind aber der festen Überzeugung, dass wir als Sieger daraus hervorgehen. Feuer findet auch einfach Gefallen an der Auseinandersetzung.

Schau dir das Bild genau an. Die Männer schlagen zwar ihre Stöcke aneinander, es kommt aber nicht zu Verletzungen. Bestimmt hast du schon einmal beobachtet, wie kleine Jungs mit ihren Spielzeugschwertern umgehen. Sie dreschen mit ihren Plastikwaffen zu, wollen sich aber im Grunde gar nichts tun. Die Bedeutung der Fünf der Stäbe besteht daher vielfach darin, dass die betreffende Person ihren Spaß an Konflikten hat, aber niemanden ernsthaft verletzen möchte. Unter Männern kann es zu Raufereien, Zweikampfen oder auch zu Gruppenprügeleien kommen. Für den Sport, besonders alle Kontakt- und Kampfsportarten, ist diese Karte gar nicht so schlecht.

Unter Umständen sind die Aggressionen aber auch ernsterer Natur. Tritt die Fünf der Stäbe zum Beispiel mit bestimmten Schwertkarten oder mit dem Turm zusammen auf, könnte es um eine Gang beziehungsweise echte Gewalt gehen. In Verbindung mit Kummerkarten wie der Drei beziehungsweise Neun der Schwerter oder der Fünf der Kelche kann die Karte darauf hindeuten, dass etwas, das eigentlich lustig und spielerisch gemeint war, außer Kontrolle gerät und ernsthaften Schaden anrichtet. Mit Katastrophenmeldungen sollte man sich immer zurückhalten, und es bedarf auf jeden Fall weiterer Karten, um diese Interpretation zu bestätigen, die Möglichkeit aber besteht. In der Regel kommen jedoch selbst bei der Fünf die positiven Wesenszüge der Stäbe zum Tragen.

Umgekehrt weist die Karte auf Leute hin, die das Fair Play nicht gerade erfunden haben. Sie missachten die Regeln oder fighten nicht bloß des Spaßes wegen. Unter Umständen fühlt man sich auch von jemandem übers Ohr gehauen, der seine Grenzen nicht kennt.

SECHS DER STÄBE

☆ ☆ ☆ ☆ ☆ ☆ ☆

SCHLÜSSELBEGRIFFE
Führung, Vertrauen, Optimismus

WESEN DES ELEMENTS
Feuer, Handeln

WESEN DER ZAHL
Kommunikation, Teilen, Mitteilen

Das Bild zeigt einen Ritter bei einer Parade, die offenbar einen erfreulichen Anlass hat. Sein Stab wird von einem Siegeskranz gekrönt, und auch die Männer, die im Hintergrund abgebildet sind, recken fröhlich ihre Stäbe in die Luft, ganz so, als hätten sie etwas zu feiern, vermutlich einen Sieg. Dass es nicht in den Krieg geht, sieht man auch an der Stoffdecke, die über das Pferd gebreitet ist, und daran, dass der Ritter keine Rüstung trägt. Wenn du dein Examen mit sehr guten Noten bestanden hast, den Studienplatz bekommst, den du am liebsten hättest, oder wenn dich jemand um ein Date bittet, von dem du es dir gewünscht hast, dann kann es gut sein, dass die Sechs der Stäbe in deinen Karten liegt.

Geht es aber ausschließlich darum, etwas zu erreichen? Arthur Edward Waite schrieb über die Sechs der Stäbe: »Es ist die mit ihrer eigenen Sehnsucht gekrönte Erwartung, die Krone der Hoffnung.« Mit anderen Worten: Wenn wir fest an uns glauben und so handeln, als sei der Erfolg, egal auf welchem Gebiet, unausweichlich, dann tritt er auch ein. In Beziehungen, Liebe oder Freundschaft, klappt das mit Sicherheit. Verhalte dich so, als würdest du begehrt, und man wird sich um dich reißen.

Die Sechs steht für Kommunikation und die Stäbe sind ein Symbol für glühenden Optimismus. Die Sechs der Stäbe zeigt uns also einen Menschen, der andere durch sein völlig ungetrübtes Selbstvertrauen dazu bringt, dass sie sich ihm anschließen und ihn mit einem Siegeskranz krönen. Das hört sich einfach an, der Trick besteht aber darin, wirklich und wahrhaftig an sich zu glauben. Da die Karten zeigen, was alles möglich ist, kann dir die Sechs der Stäbe dabei helfen, dieses unbedingte Selbstvertrauen aufzubauen.

Umgekehrt gleitet die Karte in den Zweifel, ja sogar in den Pessimismus ab. Bis zu einem gewissen Punkt verkörpert sie die Idee der sich selbst erfüllenden Prophezeiung. Glaub an deine Kraft, und andere schließen sich dir an. Glaub, dass du scheiterst, und auch darauf werden die Leute entsprechend reagieren. Ob richtig herum oder umgekehrt: Die Karte erinnert einen daran, wie sehr der Gang der Dinge von der Meinung abhängt, die man von sich hat. Bei einer umgekehrten Sechs der Stäbe solltest du dir unbedingt auch die übrigen Karten anschauen, um herauszufinden, wie du dein negatives Denken überwinden kannst.

SIEBEN DER STÄBE

☆ ☆ ☆ ☆ ☆ ☆ ☆

SCHLÜSSELBEGRIFFE
Kampf, Entschlossenheit, Energie

WESEN DES ELEMENTS
Feuer, Handeln

WESEN DER ZAHL
Stärke, Energie

Hier wirken das Thema der Zahl – Energie – und das Wesen der Farbe wunderbar zusammen, denn die Stäbe strengen sich gern an.

Wir sehen einen jungen, kräftigen Mann, der auf einem Hügel steht und den Stab wie eine Waffe in der Hand trägt. Die anderen Stäbe scheinen sich ihm entgegenzurecken, und er ist allem Anschein nach bereit, es mit ihnen aufzunehmen.

Aus dem Zusammenspiel von Farbe und Zahl kann sich eine enorme positive Energie entwickeln, besonders mitten in einem Kampf oder wenn man eine Krise durchmacht. In diesem Fall zeigt die Karte, dass der oder die Betreffende zu allem entschlossen ist und geradezu darauf brennt, sich seinen Problemen zu stellen. Diese Energie kann aber auch ins Extrem gehen. Dann handelt es sich um jemanden, der für sein Leben gern kämpft oder sogar Probleme erfindet und Streit anzettelt, nur um siegen zu können.

Leute, denen ein solches Verhalten fremd ist, suchen oft nach den Hintergründen. Der auf der Karte abgebildete junge Mann ist in ihren Augen süchtig nach dem Adrenalinstoß, den Kämpfe auslösen, oder aber auch so unsicher, dass er ohne Rücksicht auf Verluste immer die Oberhand behalten, sich immer durchsetzen muss, um nicht unterzugehen. Solche Faktoren mögen eine Rolle spielen. Es kann aber genauso gut auch sein, dass die betreffende Person einfach nur ihren Spaß an der kämpferischen Energie hat.

Eine gute Karte ist die Sieben der Stäbe in allen Fragen, bei denen es um sportliche Wettkämpfe geht, besonders Kampfsport oder Leichtathletik. Aber wie sieht es gefühlsmäßig aus? Würdest du gern mit so einem Menschen ausgehen? Könnte er ein guter Freund werden? Hättest du ihn gern als Bruder (oder Schwester)? Und falls er dich selbst repräsentiert: Wie kommst eigentlich du mit anderen Leuten aus?

Umgekehrt könnte ein bestimmtes Problem für den betreffenden Menschen zu groß werden, gleichsam so, als würden sich die Stöcke erheben und ihn überwältigen. Vielleicht ist er es auch einfach nur leid, immer und überall die Oberhand behalten zu müssen. Eine andere Möglichkeit: Ein paar Leute beschließen, als Gruppe aufzutreten, um es mit den Aggressionen eines Dritten aufnehmen zu können.

ACHT DER STÄBE

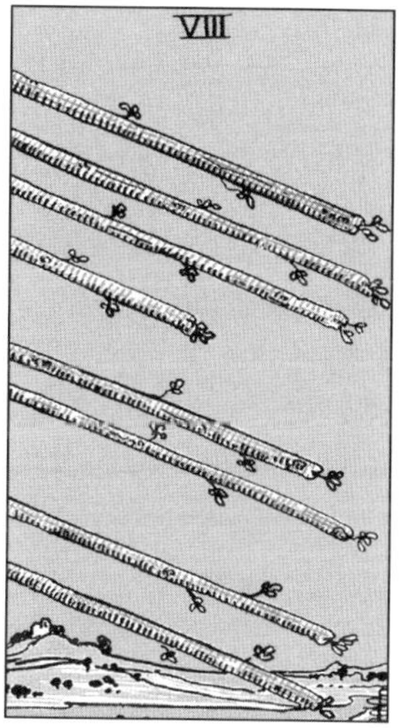

Im modernen Tarot versuchen wir die Bedeutung einer Karte immer aus dem jeweiligen Bild abzuleiten, indem wir zum Beispiel fragen: Womit haben wir es hier zu tun? Um was für einen Menschen handelt es sich? Manchmal lässt sich aber auch mit den traditionellen, »hergebrachten« Bedeutungen gut arbeiten, insbesondere wenn sie so viel versprechend sind wie in diesem Fall. In einer bestimmten Tradition heißt diese Karte nämlich auch »Pfeile der Liebe«. Und wenn es um eine mögliche Romanze geht (wie meistens beim Tarot), ist diese Interpretationsmöglichkeit natürlich ausgesprochen attraktiv.

Sie ist aber nicht die Einzige. Das Bild zeigt Stäbe, die durch die Luft fliegen. Da die Knospen alle vorn sind, lässt sich die Richtung bestimmen, und es ist zu vermuten, dass die Stäbe gleich am Boden aufkommen. Kein schlechtes Omen für Speerwerfer. Die Bewegung ist aber natürlich symbolisch aufzufassen. Etwas kommt zur Ruhe, ein Ziel wird erreicht. Wenn du dich lange mit einem bestimmten Problem, Projekt oder emotionalen Thema herumgeschlagen hast, sagt dir die Acht der Stäbe, dass du es nun bald geschafft hast. Bald ist Schluss.

Da die Karte zu den Stäben gehört, also zur Farbe des Optimismus (im Unterschied etwa zu den Schwertern), und weil auch der Hintergrund so friedlich erscheint, kann man in der Regel davon ausgehen, dass es sich tatsächlich um ein Happy

☆ ☆ ☆ ☆ ☆ ☆ ☆

SCHLÜSSELBEGRIFFE
Ziele, auf Achse, »Pfeile der Liebe«

WESEN DES ELEMENTS
Feuer, Handeln

WESEN DER ZAHL
Bewegung

End handelt. Alles wird gut. Oder symbolisch ausgedrückt: Etwas schlägt Wurzeln und wächst.

Umgekehrt ergibt sich die unschöne Interpretationsmöglichkeit der »Pfeile der Eifersucht«. Häufiger jedoch deutet die umgekehrte Acht der Stäbe darauf hin, dass etwas weiterhin in der Schwebe bleibt. Keine Klarheit in Sicht. Wenn du auf Nachricht wartest (vielleicht auf deine Prüfungsergebnisse) oder auf einen Anruf, ist also nicht auszuschließen, dass du dich noch ein wenig gedulden musst.

NEUN DER STÄBE

☆ ☆ ☆ ☆ ☆ ☆ ☆

SCHLÜSSELBEGRIFFE
Kampfstärke,
Standhaftigkeit

WESEN DES ELEMENTS
Feuer, Handeln

WESEN DER ZAHL
Erfüllung

Das Wesen des Feuers, sein Optimismus, seine Energie, erfordert eine gewisse Einfachheit. Wenn die Dinge allzu kompliziert werden, kann der Drang der Stäbe, alles im Sturm zu nehmen, darunter leiden. Bei der Neun und der Zehn stehen also Auseinandersetzungen im Vordergrund. Die Stäbe verlieren nicht an Durchschlagskraft, die Leute auf den Bildern scheinen sich aber zu fragen: »Wo ist eigentlich der ganze Spaß geblieben? Und das Herzklopfen?«

Wir sehen hier einen Mann, der sein Terrain behauptet, dessen Schultern aber ziemlich hochgezogen sind. Er ist angespannt, sein Körper sehr muskulös. Da steht er nun, hält seinen Stab fest in der Hand, und die anderen acht sind hinter ihm aufgereiht. In diesen Stäben sehen die einen die Probleme des Lebens, die andere seine Ressourcen.

Warum aber repräsentiert ausgerechnet diese »angespannte« Karte (also die mit der Nummer Neun) die »Erfüllung« des Feuers? Eine Antwort auf diese Frage hat mit der Tendenz der Stäbe zu tun, ein Problem eher zu bewältigen als es zu lösen. Wenn wir das lange genug machen und die Schwierigkeiten immer mehr zunehmen, geraten wir unter Umständen in eine Situation, in der wir nichts anderes tun können, als die Zähne zusammenzubeißen und durchzuhalten, weil wir nicht gelernt haben, unsere Angelegenheiten anders zu regeln.

Allzu negativ sollten wir diese Karte aber auch nicht sehen. Denn entscheidend ist, dass sie für Stärke steht, insbesondere wenn jemand einen ganzen Haufen Probleme hat oder sich längerfristig mit einer schwierigen Frage herumschlagen muss.

Umgekehrt zeigt die Neun der Stäbe einen Menschen, dessen Entschlossenheit nachlässt oder der sich von jeder Kleinigkeit überfordert fühlt. Diese Neun liegt unter Umständen in den Karten, wenn du die Schule als Feindesland empfindest, das Gefühl hast, dort nie im Leben Freunde finden zu können, oder wenn du sie als richtig gehend gewalttätig erlebst. Eine umgekehrte Neun der Stäbe kann aber auch auf ein Ende von Kämpfen hindeuten beziehungsweise auf sanftere Möglichkeiten, einen Konflikt beizulegen.

ZEHN DER STÄBE

Hier scheint es auf den ersten Blick um etwas ganz Einfaches zu gehen: Ein Mann nähert sich einem Dorf und trägt zehn Stäbe. Das lässt sich aber ganz unterschiedlich interpretieren, je nachdem, was wir über den Mann und das, was er tut, denken. Kommt er uns stark belastet vor? Da er beim Tragen der Stäbe den Kopf gebeugt hält, gab der Golden Dawn dieser Karte vor mehr als hundert Jahren den Namen »Unterdrückung«. Warum aber sollte die Zehn ausgerechnet bei den ausgelassenen Stäben zu Unterdrückung führen? Eine mögliche Erklärung: Mit der ganzen Begeisterungsfähigkeit der Stäbe packen wir unzählige Projekte an, und zwar nicht unbedingt, weil wir es so wollen, sondern eher, weil wir nicht nein sagen können. Und dann haben wir sie eben am Hals.

So stark belastet sieht der Mann aber gar nicht aus. Er scheint sogar voller feuriger Energie. Vielleicht macht ihm die Aufgabe, die Stäbe zu liefern, ja Spaß. Die Karte kann sich auch auf Dienstleistungen beziehen, die man entweder gern erbringt oder mit zusammengebissenen Zähnen. Übrigens gibt es kaum eine ungünstigere Methode, die Stäbe zu transportieren. Bedeutend sinnvoller wäre es, das Bündel auf der Schulter zu tragen. Ich bin einmal darauf hingewiesen worden, dass das vielleicht daran liegt, dass ja alle Stäbe Knospen haben und er keinen der jungen Triebe beschädigen möchte. Auch das

☆ ☆ ☆ ☆ ☆ ☆ ☆

SCHLÜSSELBEGRIFFE
Belastung, Dienst, Unterdrückung

WESEN DES ELEMENTS
Feuer, Handeln

WESEN DER ZAHL
Exzess, Neuanfang

würde noch einmal die Idee der Dienstleistung betonen. Aber auch hier stellt sich natürlich wieder die Frage: Zwingt man ihn?

Umgekehrt lässt man die Stäbe fallen und sagt sich: »Ich mag nicht mehr.« Vielleicht geht einem auch einfach die Energie aus. Eine Freundin von mir hat einmal gesagt, entscheidend sei, ob man die Stäbe vor oder hinter sich fallen lässt. Im letzteren Fall lässt man wirklich los. Wenn man sie dagegen vor seinen Füßen fallen lässt, handelt es sich wahrscheinlich nur um vorübergehenden Frust, und man nimmt die Last bald wieder auf und macht weiter.

ASS DER KELCHE

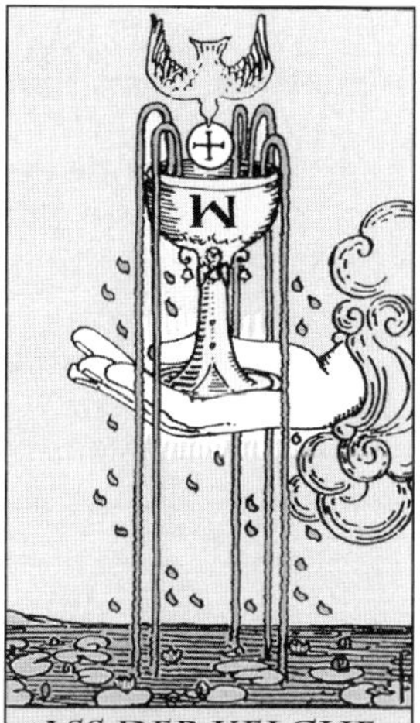

☆ ☆ ☆ ☆ ☆ ☆ ☆

SCHLÜSSELBEGRIFFE
Gefühl, Anmut,
Liebe, Glück

WESEN DES ELEMENTS
Wasser, Emotion

WESEN DER ZAHL
Ursprüngliche Energie

Da es das Geschenk der Liebe repräsentiert, mögen die meisten Leute dieses Ass am liebsten. Wenn das Wasser in den Teich mit den Lotusblüten tröpfelt, fließt der Kelch buchstäblich über vor Glück.

Im Grunde handelt es sich hier – in Anlehnung an eine mittelalterliche Legende, die vor etwa tausend Jahren in den Sagen um König Artus zum ersten Mal auftauchte, möglicherweise aber sogar noch älter ist – um eine Abbildung des Heiligen Grals. Den Grals-Geschichten zufolge hat Jesus Christus diesen Kelch beim letzten Abendmahl benutzt. Später nahm ihn dann ein gewisser Joseph von Arimathia, um darin Jesu Blut vom Kreuz aufzufangen und es nach Britannien zu bringen. Dort wurde er zum eigentlichen Machtfaktor im Reich König Artus' – nicht der militärische des Rittertums, sondern der die Liebe.

Für Anhänger von Hexenreligionen und für Heiden ist der Gral ein vorchristliches keltisches Symbol, der Hexenkessel der Fülle, der für jeden enthält, was er braucht. Alle Asse sind Gaben. Das heißt, wir müssen sie uns nicht verdienen oder uns um sie bemühen, derartige Momente werden uns vom Leben einfach geschenkt. Tritt die Karte in einer fundamentalen Position auf (zum Beispiel als »Grundlage« im Keltischen Kreuz), dann erinnert sie uns daran, dass es Liebe und Glück auch in unserem Leben gibt. Liegt sie in einer eher vorübergehenden Position (etwa der »nahen Zukunft«), sollten wir dafür sorgen, dass wir das Gute und Schöne zu schätzen wissen, wie es kommt.

Umgekehrt wird es komplizierter. Dann kann es Probleme mit der Liebe geben, zum Beispiel Eifersucht. Oder jemand legt dir sein Herz zu Füßen und du willst nichts davon wissen. Tritt das umgekehrte Ass in Verbindung mit aggressiven Karten wie der Fünf der Schwerter auf, könnte es bedeuten, dass die betreffende Person nicht bereit ist, ein Nein zu akzeptieren.

ZWEI DER KELCHE

Genau wie das Ass der Kelche gehört auch die Zwei zu den Lieblingskarten vieler Leute. Sie ist ein Symbol für Romantik, was sich sowohl auf eine neue Verbindung beziehen kann als auch auf eine, die schon länger existiert, jetzt aber ernster wird. Wir sehen zwei Menschen, deren Gefühle – und Wünsche – in eins gehen wie zwei Ströme, die zusammenfließen.

Die Karte hat also viel mit Erotik zu tun, aber auch mit zahlreichen anderen Dingen. Wenn zwei Menschen eine Liebesbeziehung eingehen, offenbaren sie sich einander, lernen, sich zu vertrauen. Dabei erfahren sie auch etwas über sich selbst, und vielleicht kommt es sogar zur Heilung alter Wunden. Das ist mit ein Grund dafür, dass sich der geflügelte Löwe sowie die beiden Schlangen, das Symbol der alten Griechen für Heilung, über den Kelchen erheben.

Bei dieser Karte geht es um etwas Neues, sei es nun eine vollkommen neue Verbindung und die ganze Aufregung, die damit verbunden ist, oder darum, dass eine bereits bestehende Beziehung ein höheres Niveau erreicht.

Die Karte ist auch ein Symbol für Engagement, da sie zwei Menschen zeigt, die einander zugetan sind und gefühlsmäßig einen Schritt weiter gehen. Sie stellen fest, wie viel sie einander bedeuten. Hier sind Liebe, Lust und Erregung im Spiel.

☆ ☆ ☆ ☆ ☆ ☆ ☆

SCHLÜSSELBEGRIFFE
Beziehung, Engagement, Entdeckung, Heilung

WESEN DES ELEMENTS
Wasser, Gefühl

WESEN DER ZAHL
Wahlmöglichkeiten

Nicht immer aber steht diese Karte für so viel Intensität oder Ernsthaftigkeit. Manchmal hat sie auch einfach die Bedeutung, dass man Spaß mit jemandem hat. Wie weit reichend der Einfluss der Zwei der Kelche ist, hängt ganz von den anderen Karten ab. Die machen (hoffentlich) auch klar, um wen es sich bei den beiden Menschen handelt, die auf dem Bild zu sehen sind.

Umgekehrt kann die Zwei der Kelche für eine Enttäuschung in Liebesdingen stehen. Möglicherweise hat der eine mehr Interesse als der andere. Oder es kommt nicht zu der Verbindung, die man sich so sehr wünscht, beziehungsweise erst später. Pläne können scheitern. Es ist aber auch möglich, dass sich jemand als manipulativ oder desinteressiert erweist.

DREI DER KELCHE

Das Thema »Glück« wird auch hier noch weiterverfolgt. Doch je höher die Zahlen werden, desto mehr Probleme treten auf, einfach, weil die höheren Zahlen der zunehmenden Komplexität des Lebens entsprechen. (Mit der Zehn kehrt die ungetrübte Freude dann wieder zurück.) Bei der Drei aber handelt es sich noch um eine der insgesamt erfreulichsten Karten.

Drei Freundinnen tanzen in einem Obstgarten. In Feierlaune erheben sie ihre Kelche und sind einander dabei so nahe, dass man kaum sagen kann, wer welches Glas in der Hand hält. Das Bild kann ein Symbol für etwas ganz Einfaches sein wie eine Party, aber auch etwas Komplexeres versinnbildlichen, zum Beispiel eine innige Freundschaft, von der man weiß, dass sie ein Leben lang Bestand haben wird.

Mit Erotik hat diese Karte in aller Regel nichts zu tun, und wenn du die Karten nach jemandem befragst, mit dem du dir eine Liebesbeziehung wünschst, so könnte die Drei der Kelche eine Enttäuschung nach dem Motto »Lass uns einfach Freunde sein« nach sich ziehen. Bist du aber im Stande, das zu akzeptieren, und merkst du auch, dass es dem Betreffenden damit ernst ist, kann tatsächlich eine echte Freundschaft daraus entstehen.

Unter Umständen bedeutet die Drei der Kelche auch, dass dir Freundschaft im Moment wichtiger ist als Liebe oder Sex.

☆ ☆ ☆ ☆ ☆ ☆ ☆

SCHLÜSSELBEGRIFFE
Freundschaft, Feier, gute Zeit

WESEN DES ELEMENTS
Wasser, Gefühl

WESEN DER ZAHL
Etwas Erzeugtes

In diesem Fall solltest du dich lieber deinen engen Freundinnen und Freunden widmen als einem vermeintlichen Märchenprinzen. Da die Abbildung drei Frauen zeigt, gehen manche Leute davon aus, dass Männer damit nicht gemeint sein können. Wenn es eine Frau ist, die die Fragen an die Karten richtet, besteht die Bedeutung der Drei der Kelche wahrscheinlich tatsächlich darin, dass sie sich auf ihre Beziehungen zu anderen Frauen konzentrieren sollte. Bei einem jungen Mädchen, das sich seiner Sexualität noch nicht ganz sicher ist, kann die Karte auch ein Hinweis auf eventuelle lesbische Gefühle sein. Darüber dürfen wir jedoch nie vergessen, dass die Bilder im Tarot immer symbolisch zu verstehen sind. Die auf der Drei der Kelche abgebildeten jungen Frauen verkörpern daher jede Art intensiver Freundschaft.

Umgekehrt kann die Karte auf Probleme in einer Freundschaft hinweisen. Misstrauen oder Kommunikationsdefizite gefährden eine Beziehung und treiben die Menschen auseinander. Besonders wenn sie in Verbindung mit anderen Einzelgängerkarten auftritt wie dem Eremiten, der Hohepriesterin oder der Acht der Kelche kann die umgekehrte Drei der Kelche auch besagen, dass jemand mehr Zeit mit sich allein verbringen sollte.

VIER DER KELCHE

☆ ☆ ☆ ☆ ☆ ☆ ☆

SCHLÜSSELBEGRIFFE
Apathie, Verwirrung, Depression, Zurückweisung

WESEN DES ELEMENTS
Wasser, Gefühl

WESEN DER ZAHL
Struktur

Wie soll man Wasser »strukturieren«? Oder Emotionen? Wenn schon einmal jemand zu dir gesagt hat, du solltest »nichts mit diesem Typen anfangen, er (hätte) dich nicht verdient«, dann weißt du, wie schwer es sein kann, seine Gefühle zu strukturieren und in eine bestimmte Richtung zu lenken.

Wenn wir uns die Kelche der Reihe nach anschauen, stellen wir fest, dass nach der simplen Freude des Asses, der Zwei und der Drei mit der Vier jetzt die komplizierteren Befindlichkeiten beginnen. Das reine Glück tritt erst wieder mit der Zehn auf, und die kann bereits auf einen Neubeginn hinweisen. Dieser Verlauf entspricht genau unserem Erleben, denn je komplexer unsere Gefühle werden, desto schwerer fällt es auch, einfach nur fröhlich und ausgelassen zu bleiben.

Ein junger Mann sitzt unter einem Baum. Es ist schwer zu sagen, ob er traurig oder gelangweilt dreinschaut. (Bei dieser Karte liegt es nahe, sich danach zu erkundigen, was der Fragende selbst in der abgebildeten Figur sieht.) Drei Kelche stehen vor ihm, aber er scheint sich nicht dafür zu interessieren. Möglicherweise symbolisieren sie frühere Enttäuschungen. Aus einer Wolke wird ihm ein neuer Kelch gereicht, aber er reagiert nicht. Man kann nicht einmal mit Bestimmtheit sagen, ob er ihn überhaupt wahrnimmt. In vielen Fällen steht die Karte für eine Chance, die man nicht sieht, irgendeine

Möglichkeit, von der wir aufgrund von Niedergeschlagenheit oder Apathie keinerlei Notiz nehmen.

Die Hand, die aus der Wolke kommt, erinnert an das Ass der Kelche, eine Karte, die häufig für das Geschenk der Liebe steht. Stell dir vor, du hättest gerade eine Trennung hinter dir und wärst noch immer viel zu traurig oder enttäuscht, um dich aufzurappeln und etwas zu unternehmen. Das Leben genießen? Kein Gedanke daran. Oder jemand will dir seine Liebe schenken, und du bekommst es noch nicht einmal mit beziehungsweise nimmst es schon wahr, findest aber, dass die Zeit dafür noch nicht reif ist. Niemand kann dich zwingen, ein Angebot anzunehmen. Eventuell bedeutet die Karte aber auch, dass dich jemand zurückweist. Du bietest ihm deine Freundschaft oder Liebe an und er bemerkt es nicht.

Umgekehrt überwindet man seine Apathie. Man sieht die Chance und greift nach allem, was das Leben zu bieten hat. Wenn du dir selbst die Karten legst, solltest du einmal überlegen, ob du nicht vielleicht mit etwas ganz Besonderem beschenkt wurdest, das du ignorierst oder für selbstverständlich hältst.

FÜNF DER KELCHE

Die Fünf markiert so etwas wie einen Tiefpunkt bei den Kelchen. Da steht ein Mensch in einen langen schwarzen Mantel gehüllt, die Farbe der Traurigkeit. Er hat den Kopf gesenkt und schaut auf drei umgekippte Kelche herab; der Wein des Glücks ist vergossen und dabei, im Erdboden zu versickern. Schau dir zum Vergleich einmal die Vier der Kelche an. Der Mann, der darauf abgebildet ist, weiß zwar nichts mit den drei Gefäßen vor sich anzufangen, sie stehen aber wenigstens noch aufrecht. Hier jedoch haben wir es mit einem echten Verlust zu tun, nicht bloß mit Apathie.

Hinter der Person (man kann nicht genau erkennen, ob es sich um einen Mann oder eine Frau handelt) stehen zwei weitere Kelche, die alles versinnbildlichen, was diesem Menschen geblieben ist. Mehr noch: Alles, was so stark ist, dass es sich nicht umwerfen lässt. Wenn sie diese Karte betrachten, stellen sich viele Leute vor, dass sich der Mensch gleich umdreht, die beiden Kelche bemerkt und darin das erkennt, was im Leben wirklich zählt, dass er sie dann aufhebt, über die Brücke nach Hause geht und sein Leben wieder aufnimmt. Während er auf ödem Grund steht, liegt das festungsartige Gebäude jenseits des Flusses in einem Wäldchen. Da die beiden Kelche zudem ein wenig an die Zwei erinnern, könnte man darin auch ein Symbol für die Liebe sehen.

☆ ☆ ☆ ☆ ☆ ☆ ☆

SCHLÜSSELBEGRIFFE
Traurigkeit, Verlust, Akzeptanz

WESEN DES ELEMENTS
Wasser, Gefühl

WESEN DER ZAHL
Schwierigkeiten

Wenn diese Karte auftaucht, und der Fragende (vielleicht auch du selbst) angesichts ihrer ganzen Traurigkeit aus dem Gleichgewicht gerät, kann es hilfreich sein, sich der beiden aufrecht stehenden Kelche zu entsinnen. Andererseits sollten wir die betreffende Person aber auch nicht bedrängen, sich allzu schnell von ihrer Traurigkeit abzuwenden. Häufig hilft uns die Fünf der Kelche, etwas zu erkennen, um das es schade ist, auch wenn wir (noch) nicht bereit sind, uns damit zu konfrontieren.

So, wie uns die zwei aufrecht stehenden Kelche möglicherweise an das Thema Liebe aus der Zwei erinnern, können die drei ausgegossenen Kelche auch auf den Verlust der Freundschaft hinweisen, die wir von der Drei her kennen. Für Freundschaften bedeutet die Liebe manchmal eine Gefahr. Drei Mädchen oder auch Jungen können einander so nahe sein, dass sie praktisch eine Einheit bilden. Dann verliebt sich eine von ihnen, und plötzlich geht alles in die Brüche. Die anderen Karten geben dir möglicherweise einen Hinweis darauf, was du in dieser Situation tun kannst.

Umgekehrt beginnt die Fünf der Kelche, ihre Traurigkeit abzustreifen. Jetzt scheint es dringend geraten, allem, was verloren ist, endgültig den Rücken zu kehren, zu schauen, was bleibt, und sich dann wieder dem Leben zuzuwenden.

SECHS DER KELCHE

Manche Leute finden diese Karte ein bisschen seltsam. Oberflächlich betrachtet ist alles ganz wunderbar. Zwei Menschen, offenbar Kinder (was aber nicht jeder so sieht), stehen im Garten eines Schlosshofs, Symbol für Luxus und Komfort. Alle abgebildeten Kelche enthalten Blumen, Sinnbilder von Liebe und vollkommenem Glück. Das größere Kind, vermutlich ein Junge, reicht dem anderen einen Kelch. Genau wie bei der Zwei sehen wir auch hier einen Aspekt der Liebe abgebildet, überlagert allerdings von dem kindlichen Eindruck, den die beiden vermitteln.

Um was aber geht es hier wirklich? Tatsächlich um Kinder oder eher um idealisierte Erinnerungen an eine Kindheit, wie wir sie uns gewünscht hätten, mit jemandem, der uns liebt und beschützt? Das Mädchen sieht mit seiner Kapuze und dem hübschen Mantel so aus, als gehöre es in das Herrenhaus. Aber was ist mit dem Jungen? Er wirkt eher wie eine Landpomeranze beziehungsweise wie ein Waldbauernbub, vielleicht ist er auch Rotkäppchens großer Bruder.

Für viele Leute bedeutet diese Karte echte Freundlichkeit und Großzügigkeit. Für andere stellt sie Fantasiebilder einer Kindheit dar, die in Wirklichkeit so nie war. Auch kann sie auf den Wunsch hinweisen, den viele von uns haben, insbesondere Mädchen, dass irgendein geheimnisvoller Mensch in

☆ ☆ ☆ ☆ ☆ ☆ ☆

SCHLÜSSELBEGRIFFE
Großzügigkeit, Schutz, Sehnsucht nach der Kindheit

WESEN DES ELEMENTS
Wasser, Gefühl

WESEN DER ZAHL
Kommunikation, Teilen, Mitteilen

unser Leben tritt und sich so um uns kümmert, dass wir nur noch die Arme ausbreiten und die Geschenke entgegennehmen müssen.

Die beste Möglichkeit, diese Karte zu interpretieren, besteht wahrscheinlich darin, genau diese Fragen an den Fragenden zu richten. Wer sind diese Leute? Was tun sie? Siehst du dich selbst in dieser Karte? Wem gehört das Haus?

Umgekehrt suchen wir nicht mehr bei anderen nach Fürsorge oder Großzügigkeit. Das ist vielleicht etwas härter, letzten Endes aber doch besser, da wir in diesem Fall unsere eigenen Entscheidungen treffen und autonom handeln. Da viele Leute diese Karte mit Nostalgie assoziieren, wenn sie richtig herum liegt, kann sie umgekehrt natürlich für Aufrichtigkeit in Bezug auf die Vergangenheit stehen.

SIEBEN DER KELCHE

Bei den meisten Kelchkarten heben wir den Aspekt Gefühl hervor, besonders die Liebe. Aber auch der Aspekt Fantasie zieht sich durch diese Farbe hindurch. Eigentlich gibt es gar keine Liebe ohne Fantasie, denn wenn man sich zum ersten Mal begegnet, ist ja noch gar nichts geschehen. Man muss sich erst eventuelle Möglichkeiten ausmalen, sich Tagträumen und Vorstellungen hingeben. Wenn wir die Fantasie der Kelche um das Thema der Zahl ergänzen, Stärke, so ergibt sich daraus diese Karte mit ihrer mysteriösen Szenerie und ihren Merkwürdigkeiten.

Ein Mann steht mit dem Rücken zu uns (hat er sich von der Wirklichkeit abgewandt?) und betrachtet merkwürdige Dinge, die in einer Wolke vor ihm schweben. Dazu gehören ein Lorbeerkranz, Schmuck, ein finsterer Drache, eine Schlange, ein Engelsgesicht, eine Burg und eine geheimnisvoll verhüllte Figur. Auf dem Kelch mit dem Lorbeerkranz sieht man schemenhaft das Bild eines menschlichen Schädels. All das repräsentiert die glücklichen Furcht einflößenden, wundersamen, triumphalen Tagträume, die jeder von uns kennt (besonders wenn uns langweilig ist).

Vom Boden sehen wir genauso wenig wie vom Gesicht des Mannes, denn Tagträume haben ja häufig keinerlei Bezug zu irgendetwas Konkretem, dienen ausschließlich unserer Unter-

☆ ☆ ☆ ☆ ☆ ☆ ☆

SCHLÜSSELBEGRIFFE
Fantasie, Tagtraum, Vorstellungskraft

WESEN DES ELEMENTS
Wasser, Gefühl

WESEN DER ZAHL
Stärke, Energie

haltung. Nun sollten wir es mit der Moral aber auch nicht übertreiben und uns keine Vorwürfe machen, weil wir doch eigentlich mit beiden Füßen auf dem Boden der Tatsachen stehen sollten. Denn man kann nichts erreichen, was man sich nicht zunächst vorgestellt hat. Dies gilt für Projekte, Semesterarbeiten und Jobs genauso wie für die Liebe.

Schriftstellern, Malern oder Schauspielern verheißt die Sieben der Kelche Inspiration und Vorstellungskraft. Das funktioniert besonders gut, wenn sie in Kombination mit anderen Karten auftritt, die ebenfalls für Kreativität stehen, wie zum Beispiel die Neun der Münzen oder der Magier.

Umgekehrt bewirkt die Sieben der Kelche, dass etwas geschieht. Unter Umständen verwirklicht der Betreffende seinen Traum, oder er wendet sich einfach von seinen Fantasien ab, um seine Aufmerksamkeit auf das zu richten, was getan werden muss. Wir sollten aber zusehen, dass das nicht nur aufgrund von äußerem Druck geschieht, etwa seitens der Eltern, Lehrer oder Freunde, die uns einbläuen, wir sollten doch endlich zu den Tatsachen zurückkehren. Manchmal muss man einfach den Kopf in den Wolken haben.

ACHT DER KELCHE

☆ ☆ ☆ ☆ ☆ ☆ ☆

SCHLÜSSELBEGRIFFE
Verlassen, Weitergehen, höhere Ebene

WESEN DES ELEMENTS
Wasser, Gefühl

WESEN DER ZAHL
Bewegung

Die Eigenschaft der Zahl, Bewegung, tritt hier im Bild eines Mannes auf, der etwas hinter sich lässt. Er geht leicht gebeugt, ob nun aus Trauer, Müdigkeit oder vor Anstrengung, das müssen wir beim Betrachten der Karte selbst entscheiden. Erinnere dich: Man hat nicht jedes Mal denselben Eindruck von einer Karte, und vielleicht ist es dir sogar ganz lieb, wenn du sie immer behandeln kannst, als würdest du sie zum ersten Mal sehen. Frag dich: Was geht hier vor? Wo will der Mann hin? Und warum? Was lässt sich aus seiner Körperhaltung schließen?

Für viele Leute liegt der Schlüssel zum Verständnis dieser Karte in den aufrecht stehenden Kelchen. Im Gegensatz zur Fünf ist hier nichts verschüttet worden, alles steht an Ort und Stelle. Der Mann geht nicht, weil eine Katastrophe geschehen ist oder weil sich seine Hoffnungen auf ganz fürchterliche Weise zerschlagen haben, sondern einfach, weil er weiß, dass die Zeit gekommen ist, etwas Neues anzufangen oder etwas Altes aufzugeben. Da es um die Kelche geht, denkt man dabei in erster Linie an Gefühl und Liebe. Du gehst schon eine ganze Weile mit jemandem, es ist auch alles ganz schön, kommt selten zum Streit – und trotzdem, im Grunde hast du die Nase voll. Häufig ist es mit dieser Karte so, dass man sofort weiß, dass sie die Wahrheit zum Ausdruck bringt. Trotzdem tut man sich schwer damit, entsprechend zu handeln, vor allem wenn es dazu führt, dass man jemandem wehtun muss.

Es kann aber auch sein, dass der Mann nicht etwa geht, weil etwas zu Ende ist, sondern weil ihn das Abenteuer ruft oder er in der Ferne etwas sieht, das ihn interessiert. Achte auch einmal auf die merkwürdige Anordnung der Kelche. Zwischen zweien klafft eine Lücke. Vielleicht geht der Mann ja, um eine Leere zu füllen oder um etwas zu suchen, das er mitbringen kann, wenn er zurückkommt.

Umgekehrt kann es sich bei der Acht der Kelche gut und gern um die Empfehlung handeln, etwas unverändert zu lassen. Hast du ein Problem, versuch daran zu arbeiten. Wenn du in einer festen Beziehung lebst und jemandem begegnest, der einfach umwerfend aussieht, solltest du vermutlich zweimal darüber nachdenken, ob du das, was du hast, wirklich aufgeben willst. Gleichzeitig sollte dir immer klar sein, dass du deine eigenen Entscheidungen treffen musst, egal was die Karten sagen (oder zu sagen scheinen).

NEUN DER KELCHE

☆ ☆ ☆ ☆ ☆ ☆ ☆

SCHLÜSSELBEGRIFFE
Zufriedenheit, eine gute Zeit, Vergnügen

WESEN DES ELEMENTS
Wasser, Gefühl

WESEN DER ZAHL
Erfüllung

Wenn du auf eine Party willst und dir ein paar verrückte Stunden versprichst, ist das eine wunderbare Karte. Wenn dann noch der Teufel hinzukommt, kannst du dich auf ein Fest gefasst machen, das du so bald nicht vergessen wirst. Ist überdies auch die Gerechtigkeit mit von der Partie, ist es wahrscheinlich besser, wenn du gehst, bevor die Polizei eintrifft.

Aber selbst wenn nicht die Gefahr einer Verhaftung besteht, solltest du dich vorsehen, denn bei der Neun der Kelche (und ganz besonders, wenn sie tatsächlich in Verbindung mit dem Teufel auftritt) kann es gut sein, dass die Party wilder wird, als du es dir gewünscht hast. Es kann zu Alkohol- oder Drogenexzessen kommen, denn genau wie der Teufel ist auch die Neun der Kelche unter anderem ein Symbol für übermäßigen Alkoholkonsum.

Traditionell wird diese Karte auch als »Wunschkarte« bezeichnet, was sich natürlich bedeutend positiver anhört. Wenn es in der Sitzung um irgendwelche speziellen Hoffnungen geht, lässt die Neun der Kelche, besonders als »Ergebniskarte«, die Vermutung zu, dass du bekommst, wonach du dich sehnst (die Karten extra so hinlegen gilt nicht).

Man kann sich natürlich fragen, warum ausgerechnet diese Karte die Erfüllung der gefühligen Wasserkarten zum Ausdruck bringen sollte. Angefangen haben wir mit Bildern reiner

Freude und puren Vergnügens. Bei der Neun nun nehmen die Lustbarkeiten auf Kosten anderer Werte überhand. Wenn man moralisch aber nicht allzu streng ist, kann man auch einfach von Zufriedenheit sprechen.

Umgekehrt gewinnt diese Karte besonders an Bedeutung, denn dann gehen wir über die beschränkten Freuden hinaus. Waite, der die Zeichnungen in Auftrag gab, spricht von »Wahrheit, treuer Gesinnung, Freiheit«. Mehr als nach persönlicher Befriedigung suchen wir nach Wahrhaftigkeit; Loyalität gegenüber Freunden ist uns wichtiger als eine tolle Zeit. Die Bedeutung der Freiheit ist besonders für jeden von Interesse, der mit Süchten oder Essstörungen zu kämpfen hat.

ZEHN DER KELCHE

☆ ☆ ☆ ☆ ☆ ☆ ☆

SCHLÜSSELBEGRIFFE
Glück, Familie, Liebe, Wertschätzung

WESEN DES ELEMENTS
Wasser, Gefühl

WESEN DER ZAHL
Exzess, Neuanfang

In manchen Farben, speziell bei den Schwertern, wird die Zehn tatsächlich exzessiv. Bei den Kelchen haben wir es mit einem Bild zu tun, das so viel Glück ausstrahlt, dass man es fast für unrealistisch halten könnte, vielleicht auch für reine Fantasie (oder kennst du heutzutage noch eine Familie, bei der es tatsächlich so zugeht?). Aber die Grundbedeutung führt uns zu den simplen Freuden der Anfangskarten dieser Farbe zurück. Wir sehen Menschen, die das Leben feiern. Ihr Glück suchen sie nicht in Besitztümern, denn die Kelche sind wie ein Regenbogen angeordnet und nicht wie bei der Neun hinter ihnen auf einem Tisch aufgereiht. Bei der Zehn wissen wir alles zu schätzen, was uns das Leben bietet. Achte auf das bescheidene, aber einladende Haus und vergleich es mit den grauen Burgen, die man auf einigen der anderen Karten sieht, zum Beispiel bei der Fünf der Kelche.

Bei dieser Karte liegt die Betonung auf dem Zusammensein mit Menschen, besonders natürlich mit der Familie, aber auch Freundschaften oder Liebesbeziehungen. Die Leute empfinden Nähe zueinander; sie haben das Gefühl dazuzugehören. Wenn diese Karte zusammen mit welchen auftaucht, die eine gegensätzliche Bedeutung haben, etwa mit dem Turm oder dem einsamen Eremiten, dann müssen wir schauen, ob sich eine zeitliche Abfolge erkennen lässt. Also: Geschieht das eine vor dem anderen? Kommt die Zehn der Kelche vielleicht nach der Explosion des Turms? Dann werden die Gefühle allmählich wieder etwas heiterer. Die umgekehrte Reihenfolge könnte darauf hindeuten, dass eine glückliche Zeit in einer Auseinandersetzung mündet.

Umgekehrt fühlt man sich eher allein, isoliert, insbesondere von der Familie. Man hat vielleicht das Gefühl, nirgendwo hinzugehören, oder tut so, als wäre alles eitel Sonnenschein. Dabei brodelt es unter der Oberfläche ganz ordentlich. Positiver betrachtet kann das Glück durchaus real sein, nur dass die Leute das, was sie im Leben oder an einer bestimmten Beziehung haben, nicht zu schätzen wissen, seien es Familienangehörige, Freunde oder andere wichtige Bezugspersonen.

ASS DER SCHWERTER

Als Ursprungskarte der Farbe Schwerter verfügt das Ass bereits über alle Eigenschaften, die im Detail später noch einmal auftauchen werden. Da es sich bei Schwertern um Waffen handelt, sind sie ein Symbol für Stärke. Aufgrund der Reinheit des Asses geht es bei dieser Karte aber nicht um Feindseligkeit oder Aggressionen, sondern um Mut und die Fähigkeit, sich zu verteidigen. Wenn du gemobbt oder schikaniert wirst, gibt dir das Ass die Möglichkeit, dich zu wehren, und zwar nicht unbedingt körperlich, sondern mit geistiger Klarheit und dem Mut, genau das zu tun, was zu tun ist.

Im Tarot ist das Schwert jedoch bedeutend mehr als nur eine Waffe. Es ist auch ein Symbol für Geisteskraft, besonders für die Fähigkeit, sich von Illusionen und Irrtümern zu verabschieden und Probleme zu lösen. Vielleicht nimmst du diese Karte mit, wenn du eine größere Prüfung ablegen musst wie etwa das Abitur. Das Ass der Schwerter steht auch für die Fähigkeit, Projekte durchzuziehen, die vorherige Planung oder Analyse erfordern. Am besten funktioniert es, wenn die Eigenschaften anderer Karten noch hinzukommen, zum Beispiel die Acht oder die Drei der Münzen, Karten für engagiertes, einsatzfreudiges Arbeiten, denn das Ass der Schwerter allein verheißt zwar die Fähigkeit, etwas genau zu durchdenken, nicht aber auch die, zur Tat zu schreiten.

☆ ☆ ☆ ☆ ☆ ☆ ☆

SCHLÜSSELBEGRIFFE
Geistige Stärke, Klarheit, Kraft, Mut

WESEN DES ELEMENTS
Luft, Geist

WESEN DER ZAHL
Ursprüngliche Energie

Das Schwert weist schnurgerade nach oben, ein Symbol für Wahrheit. Oben geht es durch eine Krone durch, Sinnbild für Illusionen und alles, was von den Dingen ablenkt, die uns wirklich wichtig sind.

Umgekehrt weist das Ass der Schwerter auf Schwierigkeiten mit dem klaren Denken hin: Konfusion. Möglicherweise fällt es dir schwer zu lernen oder dich zu konzentrieren. In kitzligen Situationen solltest du vielleicht ein bisschen warten, bevor du eine größere Entscheidung triffst, oder dir zumindest genauestens über deine Motive klar werden. Das umgekehrte Ass hat darüber hinaus die Bedeutung von Zorn, kann aber auch eine willensstarke Person verkörpern, die ihren Intellekt einsetzt, um andere Leute zu schikanieren.

ZWEI DER SCHWERTER

☆ ☆ ☆ ☆ ☆ ☆ ☆

SCHLÜSSELBEGRIFFE
Innenschau, bewusste Isolation, Defensive, Meditation

WESEN DES ELEMENTS
Luft, Geist

WESEN DER ZAHL
Wahlmöglichkeiten

Durch Zahl und Bild erinnert die Zwei der Schwerter an die Hohepriesterin. So, wie diese in der stillen Abgeschiedenheit ihres Tempels sitzt, eingerahmt von zwei Säulen, sitzt auch diese Frau hier allein, mit einer Augenbinde, auf jeder Schulter ein Schwert. Sie ist fest entschlossen, sich abzusondern, möglicherweise, damit sie mit ihren Gedanken allein sein kann, oder auch, um dem Geplapper der anderen zu entkommen. Vielleicht hat sie intellektuell einen Zaun um sich herum erbaut, als seien ihre Schwerter – ihre Geisteskraft – gegen jeden gerichtet, der ihr zu nahe kommt. Die Augenbinde, die sie sich vorgelegt hat (im Unterschied zur Acht der Schwerter, wo es so aussieht, als hätte sie es nicht selbst getan), lässt darauf schließen, dass sie nicht bereit ist, sich mit Dingen zu beschäftigen, die sie nicht wirklich etwas angehen. Die Zwei der Schwerter ist die richtige Karte für jene Momente, in denen Leute – Familie, Freunde, Lover – anfangen wollen, dich zu kritisieren, und du sagst nur: »Schluss, ich will davon nichts hören, lasst mich in Ruhe.«

Achte auch darauf, wie aufrecht die Frau dasitzt. Schon in ihrer Körperhaltung drückt sich ihre Entschlossenheit aus. Diese Karte kann einfach bedeuten, sich die Zeit zu nehmen, ruhig in seinem Zimmer zu sitzen und ein Buch zu lesen. Wenn du etwa meditierst oder anderweitig deine Aufmerksamkeit nach innen lenkst, kann das Ass der Schwerter auch demonstrieren, dass du in der Lage bist, Ablenkungen und äußere Sinnesreize auszublenden.

Umgekehrt ist zu vermuten, dass die betreffende Person beschließt, ihre Augenbinde abzunehmen. Sie kommuniziert wieder mehr mit anderen Menschen, hört auf ihre Kritik, kurz, sie verlässt ihr Schneckenhaus und lässt auch mal jemanden an sich heran. Wenn diese Karte auf dem Kopf steht, kann sie überdies bedeuten, dass die Notwendigkeit besteht, eine schwierige Entscheidung zu treffen, besonders wenn man sie schon länger aufgeschoben hat.

DREI DER SCHWERTER

☆ ☆ ☆ ☆ ☆ ☆ ☆

SCHLÜSSELBEGRIFFE
Herzschmerz, Sorgen, Verlust

WESEN DES ELEMENTS
Luft, Geist

WESEN DER ZAHL
Etwas Erzeugtes

Ein Schwert ist eine Waffe, daher können Leute verletzt werden. Wenn das Thema der Zahl, etwas Erzeugtes, hinzukommt, ergibt sich daraus ein Bild des Schmerzes.

Die Drei der Schwerter gehört zu den Karten, die man normalerweise nicht so gern sieht: ein isoliert in der Luft hängendes Herz, von drei Stichwaffen durchbohrt, umgeben von nichts als Wolken und Regen.

Möglicherweise erhältst du diese Karte in Zeiten des Verlusts, im Extremfall beim Tod eines geliebten Menschen. Wir dürfen aber nicht vergessen, dass wir nie den Tod vorhersagen dürfen, denn das wäre nicht nur vermessen, sondern auch gefährlich. Ist jemand gestorben oder lebensgefährlich erkrankt, dann bringt die Drei deinen Schmerz zum Ausdruck. In aller Regel weist diese Karte jedoch auf geringfügigere Verluste hin, etwa auf Trennung, das Ende einer Freundschaft oder auch auf Enttäuschung.

Was tun wir mit so einer Karte, wenn wir sie nicht nur einfach anschauen und vor Entsetzen aufschreien möchten? Zunächst einmal sollten wir nie in Panik geraten oder etwas sehr Schlimmes vermuten. Guck, was die anderen Karten aussagen, und vergewissere dich, in welcher Position die Drei der Schwerter überhaupt liegt. Liegt sie zum Beispiel beim Keltischen Kreuz in der Position »Hoffnungen und Ängste«, bezieht sie sich höchstwahrscheinlich gar nicht auf die Wirklichkeit, sondern eher auf Befürchtungen. Auch sollte man sich vor Augen führen, wie ausbalanciert die Schwerter auf dem Bild wirken. Darüber hinaus ist das Herz gar nicht richtig verletzt. Das kann implizieren, dass man seinen Kummer annimmt und auch in der Lage ist, einen Schritt weiter zu gehen und eventuell sogar etwas daraus zu lernen.

Umgekehrt ist der Schmerz nicht so schlimm. Der Betreffende bekämpft seinen Kummer möglicherweise, indem er Ablenkung sucht oder es ablehnt, sich damit auseinander zu setzen. Es kann sich aber auch um einen verwirrten oder gefühlskalten Menschen handeln.

VIER DER SCHWERTER

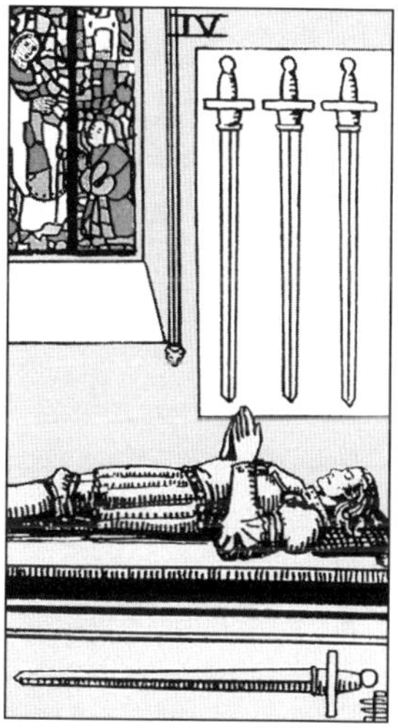

☆ ☆ ☆ ☆ ☆ ☆ ☆

SCHLÜSSELBEGRIFFE
Ruhe, Heilung, Rückzug

WESEN DES ELEMENTS
Luft, Geist

WESEN DER ZAHL
Struktur

Wie strukturiert man Luft? Oder Gedanken? Der Zugang, den die Vier der Schwerter verkörpert, besteht darin, eine Art Hülle um Besorgnis erregende Gedanken herumzulegen. »Daran will ich gar nicht denken.« So könnte das Motto dieser Karte lauten.

Wir sehen einen Ritter, der friedlich in einer Kirche aufgebahrt ist, sein Schwert hat er neben sich liegen. Das Glasmosaik im Kirchenfenster hinter ihm zeigt eine Person, die vor einer anderen kniet und sie um etwas bittet, vielleicht um Heilung. Wenn du eine schwierige Zeit hinter dir hast, besonders Konflikte oder richtig gehende Kämpfe (wie zum Beispiel Familienstreitigkeiten), dann kann die Vier der Schwerter ein Zeichen sein, dass du erst einmal einen Schritt zurücktreten und dich erholen solltest, bevor du dich mit neuen Problemen belastest.

Diese Karte gehört zu den »mythischeren« der Kleinen Arkana, das heißt, sie nimmt auf alte Legenden Bezug wie etwa die vom Heiligen Gral, dem magischen Abendmahlskelch der Heilung (siehe dazu auch die Erklärungen zum Ass der Kelche). In der Legende vom Heiligen Gral liegt ein König schwer verletzt im Koma. Der Kelch könnte Rettung bringen, aber nur, wenn ihn jemand sieht und fragt: »Wofür ist er?«. Der Held dieser Geschichte, Parzival, sieht zwar den König und den

Kelch, sagt aber nichts. Er möchte sich nicht einmischen. Dornröschen erzählt eine ähnliche Geschichte. Die junge Frau kann erst wieder aufwachen, wenn jemand die Dornenhecke um ihr Schloss überwindet und ihr einen Kuss gibt. In beiden Fällen ist ein Mensch aus der Welt gefallen und braucht einen anderen, der die Anstrengung auf sich nehmen muss, ihn zu erreichen. Wenn die Vier der Schwerter in deinen Karten liegt, hast auch du dich vom Leben zurückgezogen und brauchst einen Dritten, eine Freundin oder einen Freund, der sich der Mühe unterzieht, zu dir durchzudringen.

Umgekehrt gibt die betreffende Person ihren Rückzug auf, emotional oder auch ganz real. Sie geht wieder unter Leute oder wird aktiv.

FÜNF DER SCHWERTER

☆ ☆ ☆ ☆ ☆ ☆ ☆

SCHLÜSSELBEGRIFFE
Konflikt, Niederlage, Schande, Schikane

WESEN DES ELEMENTS
Luft, Geist

WESEN DER ZAHL
Schwierigkeiten

Wenn wir die problematischste Farbe mit der problematischsten Zahl kombinieren, kann man sich leicht vorstellen, dass dabei nicht gerade die allerfröhlichste Karte herauskommt.

Das Bild zeigt einen schelmisch grinsenden Ritter, der sich auf ein Schwert stützt und zwei weitere geschultert hat. Noch zwei Schwerter liegen ihm zu Füßen. Im Hintergrund sehen wir, mit dem Rücken zu uns, zwei Männer stehen, die aufs Meer schauen und von denen mindestens einer wirkt, als habe er soeben eine Niederlage erlitten. Es sieht ganz so aus, als sei der junge Mann mit den Schwertern siegreich aus einer Auseinandersetzung hervorgegangen und habe die beiden anderen in die Flucht geschlagen.

Liegt die Fünf der Schwerter in deinen Karten, so solltest du dich fragen, welche der Personen auf diesem Bild wohl dich selbst darstellt. Leute, die mit der »offiziellen« Bedeutung des Tarots nicht vertraut sind, werden einen kurzen Blick auf die Karte werfen und sich dann in aller Regel mit dem jungen Mann identifizieren, der im Vordergrund zu sehen ist und den Großteil des Bildes einnimmt. Sie werden es als einen Ausdruck von Stärke und Triumph werten, speziell im Hinblick auf persönliche Feinde. Selbstverständlich ist an dieser Interpretation etwas dran. Aber man fragt sich natürlich auch, warum es denn wirklich gleich drei Schwerter sein müssen.

Da ich weiß, dass die Fünf traditionell die Probleme der jeweiligen Farbe aufzeigt, hat die Karte für mich eher die Bedeutung einer Niederlage.

Schau dir aber die Körperhaltung der beiden Männer im Hintergrund an. Das größte Problem, auf das die Fünf der Schwerter hinweist, ist nämlich gar nicht so sehr die Niederlage an sich als vielmehr das Gefühl von Scham und Erniedrigung, das damit einhergeht. Einen eventuellen Ausweg aus dieser Empfindung können vielleicht die anderen Karten weisen.

Umgekehrt zeigt diese Karte Menschen, die sich aus Gefühlen wie Schwäche und Verzweiflung befreien. Sie orientieren sich um oder schließen sich vielleicht auch mit anderen zusammen, um sich des Problems anzunehmen. In manchen Fällen besagt die umgekehrte Fünf der Schwerter, dass du einem Verlust oder einer Niederlage dadurch entgehen kannst, dass du deine Pläne änderst.

SECHS DER SCHWERTER

☆ ☆ ☆ ☆ ☆ ☆ ☆

SCHLÜSSELBEGRIFFE
Reise, Stille, Geheimnisse, Neuanfänge

WESEN DES ELEMENTS
Luft, Geist

WESEN DER ZAHL
Kommunikation, Teilen, Mitteilen

Mit den Schwertern ist das so eine Sache. Als Sinnbild von Kampf und Auseinandersetzungen stehen sie natürlich häufig im diametralen Gegensatz zum Thema der Zahl. Bei der Sechs, deren Wesen die Kommunikation ist, sehen wir Menschen in einem Boot, zwischen denen offenbar totale Funkstille herrscht. Falls der Bootsführer mit seinen Passagieren spricht, so richtet er das Wort jedenfalls an Leute, die ihm den Rücken zugewandt und den Kopf verhüllt haben. Diese Karte steht also für Situationen, in denen die Kommunikation zum Erliegen gekommen ist. Dabei fallen einem Familien ein, in denen nicht gesprochen wird.

Die Passagiere haben sich verhüllt, als hüten sie ein Geheimnis oder leiden stumme Qualen. Das Thema des Schmerzes beziehungsweise unausgesprochener Dinge kommt hier sehr subtil in der Ladung zum Ausdruck. Normalerweise würde man die Schwerter ja flach auf den Boden legen, ganz harmlos. Hier aber sind sie ins Boot gerammt, was an Kummer denken lässt, den man lange mit sich herumschleppt. In einigen Fällen bezieht sich die Karte auf Familiengeheimnisse, die sich niemand traut anzusprechen.

Manche Leute sehen in diesem Bild auch die mythische Reise der toten Seelen in ein neues Leben. Das dürfen wir aber nicht als eigentlichen Tod begreifen, sondern sollten darin eine Chance für etwas Neues sehen. Vielleicht wird eine Hoffnung enttäuscht. Es könnte zum Beispiel sein, dass du die Sechs der Schwerter bekommst, wenn sich jemand von dir getrennt hat. Keine dieser Interpretationen aber stammt übrigens von den Urhebern der Karte. Die sahen in ihr lediglich eine Reise. Das genau ist die Stärke des Tarots: dass man ständig zu neuen Erkenntnissen kommt. Und was für neue Ideen hast du, wenn du dir das Bild anschaust?

Umgekehrt wird eine Kommunikation wieder möglich, vielleicht ist sie aber nicht unbedingt erfreulich. Geheimnisse oder verborgene Gefühle werden ausgesprochen. Die umgekehrte Sechs kann auch den Abbruch einer Reise bedeuten oder einen Fehlstart.

SIEBEN DER SCHWERTER

Sieben ist die Zahl der Energie, und wenn wir das auf das Thema der Schwerter, Geist, anwenden, so ergibt sich daraus ein Mensch, der intellektuell Überstunden macht und versucht, Probleme planvoll, durch ein ausgeklügeltes Vorgehen, mit allen Tricks und Spielereien zu lösen.

Vor ein paar Zelten im Hintergrund bewegt sich ein Mann, der fünf Schwerter in den Händen hält. Man könnte denken, er liefere sie aus. Allerdings deutet seine Körperhaltung eher darauf hin, dass er versucht, sich heimlich davonzustehlen. Man könnte sich vorstellen, dass er Feinde hat und sich lieber mit seinen Waffen davonmacht, als sich der offenen Konfrontation zu stellen. Tragen kann er seine Schwerter allerdings so nicht alle. Er scheint noch gar nicht genau zu wissen, was er vorhat.

Solche Menschen kennen wir alle, Leute, die sich nie direkt mit einem Problem auseinander setzen, sondern immer versuchen, irgendeinen komplizierten Schlachtplan auszuhecken, der allerdings nur selten aufgeht. Müssen wir diese Karte aber tatsächlich so negativ interpretieren und daraus schließen, dass wir die offene Konfrontation vorziehen sollten? Nicht alle Situationen lassen sich direkt angehen. Zusammen mit der Hohepriesterin oder dem Gehängten legt die Sieben der Schwerter die Betonung darauf, dass wir unser Vorhaben

☆ ☆ ☆ ☆ ☆ ☆ ☆

SCHLÜSSELBEGRIFFE
Plan, Schema, Teillösungen, allein handeln

WESEN DES ELEMENTS
Luft, Geist

WESEN DER ZAHL
Stärke, Energie

besser für uns behalten sollten. Der Magier, der Wagen oder andere Karten, die für Entscheidungsfreude sprechen, könnten uns dabei unterstützen, den Plan in die Tat umzusetzen.

Bei der Sieben der Schwerter kann es auch um jemanden gehen, der ganz allein agiert, der weder Rat noch Hilfe sucht, sondern versucht, alle seine Probleme auf eigene Faust zu lösen. Kennst du jemanden, der sich so verhält?

Umgekehrt sind wir entweder dabei, sorgfältiger zu planen, oder suchen Rat und Leute, die uns unterstützen. Jemand gibt die Hoffnung auf, alles allein tun zu können, und sucht sich Hilfe bei anderen.

ACHT DER SCHWERTER

☆ ☆ ☆ ☆ ☆ ☆ ☆

SCHLÜSSELBEGRIFFE
Blockaden, Verwirrung, Manipulation, Einmischung

WESEN DES ELEMENTS
Luft, Geist

WESEN DER ZAHL
Bewegung

Wie bei der Zwei oder der Sechs der Schwerter haben wir es auch hier mit einem Widerspruch zu tun. Das Thema der Zahl Acht ist Bewegung, und das, was wir hier abgebildet sehen, ist genau das Gegenteil: eine gefesselte Frau mit einer Augenbinde. Wer immer ihr das angetan hat, jetzt ist er verschwunden und hat sie allein gelassen, umgeben nur von den acht Schwertern, die um sie herum in den Boden gerammt sind.

Da das Element Luft mit dem Intellekt in Verbindung steht, kann man davon ausgehen, dass es sich hier eher um mentale Blockaden als um reale Probleme handelt. Man hält beispielsweise eine Situation für hoffnungslos, dabei gäbe es durchaus Möglichkeiten. So gesehen ist das wichtigste Symbol auf dieser Karte die Augenbinde. Was sehen wir nicht, wovor verschließen wir die Augen?

Die Frau wurde aber auch gefesselt. Das spricht für Manipulation, totale Beherrschung durch jemand anderen. Daher solltest du dich vorsehen, wenn du mit jemandem gehst und diese Karte auftaucht.

Allerdings muss man auch feststellen, dass die Frau nur am Oberkörper immobilisiert wurde. Fußfesseln hat man ihr nicht angelegt. Und lediglich die Augenbinde hält sie davon ab zu erkennen, dass sie eigentlich weggehen könnte. Wofür die Augenbinde ein Symbol ist? Einerseits für Verwirrung, hausgemacht oder von jemand anderem absichtlich herbeigeführt. Andererseits kann man in der Augenbinde aber auch ein Sinnbild für die Selbsttäuschung der Hilflosigkeit sehen, für den Irrglauben, ein Problem sei unlösbar, während die Lage in Wirklichkeit gar nicht aussichtslos ist.

Umgekehrt ist es so, als würde die Augenbinde abgelegt. Der Mensch beginnt klarer zu sehen. Er kann sich seiner Probleme annehmen, schauen, was ihn eigentlich blockiert, und dann entscheiden, was zu tun ist.

NEUN DER SCHWERTER

☆ ☆ ☆ ☆ ☆ ☆ ☆

SCHLÜSSELBEGRIFFE
Kummer, Qual, Problemen entgegentreten, schmerzliche Wahrheit

WESEN DES ELEMENTS
Luft, Geist

WESEN DER ZAHL
Erfüllung

Wenn wir uns die »Erfüllung« der Farbe betrachten, bei der es um Konflikte und Schmerzen geht, so sehen wir ein Bild, das nichts als Kummer ausdrückt. Ein Mensch sitzt mitten in der Nacht in seinem Bett und hat die Hände vor die Augen geschlagen, als könne er den Anblick nicht ertragen. Auf dem Hintergrund kompletter Finsternis sind an der Wand neben seinem Bett die neun Schwerter aufgehängt. Sie stellen eigentlich keinen Anlass zur Beunruhigung dar, sondern sind einfach untereinander an der Wand aufgereiht. Bei dieser Karte geht es also nicht um Gefahr oder Bedrohung, sondern um Traurigkeit, Kummer von der Art, die einen mitten in der Nacht aufwachen lässt.

Der Mann hat die Hände vor den Augen. Gibt es da vielleicht etwas, was er nicht sehen möchte? Trotzdem deutet alles darauf hin, dass er seinen ganzen Mut zusammennehmen und genau hinschauen wird. Aufgewacht ist er jetzt und wird sich daher wohl auch bald direkt mit den Dingen befassen, die ihm auf der Seele liegen. Dabei handelt es sich möglicherweise um ein Problem, das ihn schon länger belastet, vor dem er jetzt aber nicht mehr die Augen verschließen kann.

Die Neun der Schwerter ist mit Sicherheit eine harte Karte, eine der problematischsten im gesamten Tarot. Sie erzählt aber nicht unbedingt die ganze Geschichte. Den anderen

Karten kannst du entnehmen, ob der betreffende Mensch möglicherweise übertrieben traurig oder besorgt ist und wie er sich helfen kann, emotional oder ganz praktisch. Wenn solche traurigen Karten auftauchen, sollten wir andererseits auch nicht gleich versuchen, etwas an der Situation verbessern zu wollen. Denn zum Teil besteht die Stärke des Tarots ja gerade darin, dass er uns hilft, uns auch mit den schwierigeren Dingen des Lebens zu befassen. Vielleicht muss man tatsächlich einmal aufwachen und sich ernsthaft mit seinen Problemen und seiner Traurigkeit auseinander setzen.

Umgekehrt versucht jemand, etwas gegen den Kummer und den Schmerz zu unternehmen, den man auf dem Bild sieht. Das kann entweder heißen, dass er selbst etwas tut, oder aber, dass er Hilfe und Trost bei anderen sucht. Auch in diesem Fall gilt: Was tatsächlich nötig ist, verraten die anderen Karten.

ZEHN DER SCHWERTER

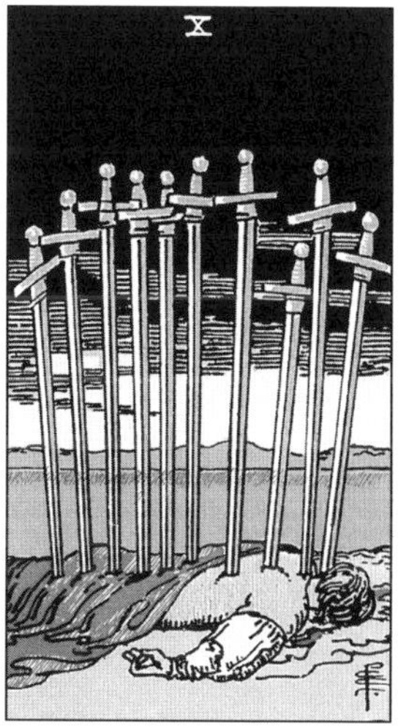

☆ ☆ ☆ ☆ ☆ ☆ ☆

SCHLÜSSELBEGRIFFE
Überreagieren, Schmerz, Kampf, Selbstkritik

WESEN DES ELEMENTS
Luft, Geist

WESEN DER ZAHL
Exzess, Neuanfang

In keiner Farbe zeigt sich das Thema der Zahl, Exzess, so deutlich wie bei den Schwertern. Beim Element Luft geht es um geistige Aktivitäten, sodass die Schwerter, die dem abgebildeten Mann im Leib stecken, als Symbol für einen Intellekt aufgefasst werden können, der es zu weit treibt und sich bis aufs Blut piesackt. Wir haben wahrscheinlich alle schon einmal Zeiten erlebt, in denen wir uns ständig selbst fertig gemacht und kritisiert haben.

Aber natürlich hat das Element auch mit Konflikten zu tun. Daher ist nicht auszuschließen, dass sich der arme Mensch die Schwerter nicht selbst in den Leib gerammt hat. Im Extremfall steht er im Schussfeld einer Clique oder Bande. Aber eigentlich soll das Bild, wie gesagt, keine reale Gewalt darstellen, sondern eher einen Geistes- oder Gemütszustand. Überdies ist auch nur sehr wenig Blut zu sehen. Vielleicht hat der Mann nur das Gefühl, erledigt worden zu sein.

Auffällig an dem Bild ist das Extreme – der Exzess. Um einen Menschen zu töten, reicht ein Schwert völlig aus. Hier aber wurde praktisch keine Stelle des Körpers ausgespart. Wenn das nicht übertrieben ist!

Im Vergleich zur Neun fällt auf, dass bei der Zehn wenigstens schon ein bisschen Licht am Horizont zu sehen ist. Die Zehn steht auch für einen Neubeginn, und bei den Schwertern legt der Exzess die Vermutung nahe, dass es sich um eine Wende zum Besseren handelt.

Umgekehrt liegt die Betonung auf Erleichterung. Manche Leute sehen es so, als würden die Schwerter buchstäblich aus dem Körper herausfallen. Die geistigen Qualen finden ein Ende. Der Mensch, der sich total niedergeschlagen gefühlt hat, entdeckt, dass er aufstehen und etwas Positives tun kann.

ASS DER MÜNZEN

Das Zeichen der Farbe wird von einer Hand dargeboten, die aus den Wolken kommt. Wie alle Asse werden uns die Qualitäten dieser Karte vom Leben geschenkt und sind nicht das Ergebnis einer speziellen Eigenschaft oder Anstrengung.

Bei diesem Ass geht alles wie am Schnürchen. Es ist eine ganz tolle Karte fürs Lernen, für Ferienjobs oder wenn es um Geld beziehungsweise Geschenke geht. Auch ist sie wunderbar vor Weihnachten und für alles was mit der Natur zu tun hat, die Organisation eines Picknicks oder einer Kanufahrt, eine Strandparty oder das Anlegen eines Blumenbeetes.

Schauplatz ist ein wunderschöner Garten, Symbol nicht nur für die Natur, sondern auch für Sicherheit. Wir fühlen uns geborgen, können uns ausdrücken und genießen das Leben. Wenn du eine harte Zeit hinter dir hast oder dich zu Hause beziehungsweise in der Schule unwohl fühlst, dann kann das Ass der Münzen eine Chance verheißen, dich zu entspannen.

Das Pentagramm ist ein magisches Zeichen. Wenn du diese Karte bekommst, bedeutet das nicht nur Arbeit oder Geschenke, sondern es kann auch darauf hindeuten, dass etwas Magisches und Unerklärliches geschehen wird.

Umgekehrt steht das Ass der Münzen für Stress in Sachen Arbeit, Geld oder Sicherheit. Überdies kann es Zeit sein, eine neue Aktivität aufzunehmen.

☆ ☆ ☆ ☆ ☆ ☆ ☆

SCHLÜSSELBEGRIFFE
Arbeit, Geld, Sicherheit, Natur, Magie

WESEN DES ELEMENTS
Erde, Natur, Arbeit

WESEN DER ZAHL
Ursprüngliche Energie

ZWEI DER MÜNZEN

☆ ☆ ☆ ☆ ☆ ☆ ☆

SCHLÜSSELBEGRIFFE
Jonglieren, Verpflichtungen, Gelegenheiten

WESEN DES ELEMENTS
Erde, Natur, Arbeit

WESEN DER ZAHL
Wahlmöglichkeiten

Wenn du einer Freundin die Karten legst und dieses etwas merkwürdige Motiv auftaucht, könntest du überlegen, ob du sie nicht fragen möchtest, was der Jongleur wohl unter seinem Hut haben mag. Da es darauf keine richtige oder falsche Antwort gibt, sagt es viel darüber aus, was sich im Leben der betreffenden Person gerade abspielt. Natürlich kannst du dir auch selbst diese Frage stellen, wenn du dir die Karten legst. Die Antworten, auf die du kommst, werden nicht unbedingt jedes Mal dieselben sein.

Zwei ist die Zahl der Wahl, und manchmal möchten wir einfach keine Wahl treffen, nichts aufgeben müssen. Daher befinden sich die beiden Münzen in einem Band in der Form des Unendlichkeitszeichens (das wir auch schon über dem Kopf des Magiers und bei der Kraft gesehen haben). Zu sehen sind zwar nur zwei Pentagramme beziehungsweise Münzen, das Band der Unendlichkeit zeigt aber, dass hier mit viel mehr jongliert wird.

Menschen, ein Nebenjob, Versprechen, die du Freunden oder Angehörigen gegeben hast, familiäre Verpflichtungen (den Großeltern schreiben, die kleine Schwester babysitten) – all das liegt in dem einen Pentagramm. Das andere enthält alles, was man gern tut, wie etwa mit Freunden herumhängen, auf Partys gehen, fernsehen, shoppen, Dates, etwas lesen, was nicht zum Schulstoff gehört, spielen ...

Manchmal wird die Situation extrem, und trotzdem kann man nicht loslassen. Die gute Nachricht ist, dass ja zumindest bisher alles paletti ist. Der betreffende Mensch kann alle Bälle in der Luft halten. Ob er demnächst in eine Lage kommt, in der er sich tatsächlich entscheiden muss, erkennst du an den anderen Karten.

Umgekehrt wird das Jonglieren schwieriger. Die Person, auf die sich die Karte bezieht, kann an den Rand der Erschöpfung kommen und anfangen, so zu schludern, dass ihr die Münzen aus der Hand fallen. Diese Schlampigkeit bringt ihr eventuell Ärger ein. Die Notwendigkeit, sich zu entscheiden, wird immer dringlicher.

DREI DER MÜNZEN

☆ ☆ ☆ ☆ ☆ ☆ ☆

SCHLÜSSELBEGRIFFE
Leistung, gute Arbeit, Teamwork

WESEN DES ELEMENTS
Erde, Natur, Arbeit

WESEN DER ZAHL
Etwas Erzeugtes

Wenden wir das Thema »Produktion« auf die Farbe der Arbeit an, so erhalten wir ein Bild von jemandem, der ein großes Werk erschafft und sich dabei beraten lässt. Wir können nicht immer alles allein tun. Selbst wenn du für irgendein Projekt verantwortlich bist (diese Karte erhält vielleicht die Chefredakteurin der Schülerzeitung), bist du darauf angewiesen, die Leute, mit denen du zusammenarbeitest, nach ihrer Meinung zu fragen.

Man kann sich diese Karte bei jeder Sitzung wünschen, in der es um ein Projekt geht, etwa ein Experiment im Physik- oder Chemieunterricht, ein Konzert, beim Sport, wenn man ein Gedicht oder eine Geschichte schreiben oder vielleicht sogar einen Zauber aussprechen möchte. (Schließlich ist das Pentagramm ja auch ein magisches Zeichen.) Die Karte verheißt darüber hinaus gute Prüfungsergebnisse. Sie steht für Leistungen und mehr. Sie zeigt, dass du in der Lage bist, persönliche Höchstleistungen zu erbringen, dass alles, was du gelernt oder trainiert hast, jetzt zusammenkommt und du ganz genau weißt, was du tust.

Überdies ist sie ein Symbol für ein Team, das richtig gut zusammenarbeitet. (Das müssen nicht unbedingt gerade drei Personen sein, die Zahl ist nur ein Hinweis darauf, dass es mehr als einer sind.) Dabei kann es sich um eine studentische

Arbeitsgruppe handeln oder um Leute, die eine Party oder ein Konzert planen beziehungsweise alles Sonstige, was Kooperation erfordert.

Umgekehrt kann die Drei der Münzen bedeuten, dass du nicht so gut arbeitest, wie es dir möglich wäre. Das muss nichts Schlechtes heißen. Vielleicht warst du in letzter Zeit so unter Druck, dass du jetzt erst einmal eine Pause brauchst. Nur sollte dir bewusst sein, dass du mehr bringen kannst. Vielleicht tust du aber auch etwas, was du im Grunde gar nicht magst. (Hast im Hauptfach beispielsweise eine Naturwissenschaft gewählt, dabei würden dich Sprachen viel mehr interessieren.) Die anderen Karten können dir helfen herauszufinden, ob das wirklich der Fall ist. Die umgekehrte Drei kann zudem bedeuten, dass es in einer Gruppe an der nötigen gegenseitigen Unterstützung fehlt.

VIER DER MÜNZEN

☆ ☆ ☆ ☆ ☆ ☆ ☆

SCHLÜSSELBEGRIFFE
Festhalten an dem, was man hat, Geizhals, Schutz

WESEN DES ELEMENTS
Erde, Natur, Arbeit

WESEN DER ZAHL
Struktur

Der König, der auf dieser Karte abgebildet ist, könnte ein richtiger Knauser sein, so, wie er sich an seine Münzen klammert. Es sieht auch ganz so aus, als würde er versuchen, sich mit ihrer Hilfe von der Welt abzuschotten. Zwei Münzen hat er unter den Füßen, wie um sich von der Natur abzugrenzen. Eine dritte Münze hält er vor dem Herzen und die vierte balanciert er sogar auf dem Kopf. Er ist das Symbol für einen Menschen, der sich abkapselt, der von seinen Gefühlen, aber auch von anderen Menschen abgeschnitten ist. Das Pentagramm steht nicht nur für Arbeit, sondern auch für Geld und Besitztümer. Der Mann nimmt seinen Besitz her, um sich eine Struktur zu schaffen (das Thema der Zahl), hinter der er sich wie hinter einer Mauer verschanzen kann.

So etwas tut man manchmal, wenn einem etwas bedrohlich vorkommt, sei es familiärer Kummer, eine erlittene Verletzung, vielleicht auch die Angst vor den eigenen starken Gefühlen. Dann ist es natürlich viel leichter, sich mit coolen Klamotten zu beschäftigen, mit Videospielen, DVDs, Autos und was sonst noch alles zur Verfügung steht, um die Konfrontation mit sich selbst zu vermeiden. Interessant ist aber, dass es keine Möglichkeit gibt, den Rücken mit einer Münze zu bedecken. Ganz können wir uns vor dem Leben eben doch nicht schützen.

So wird diese Karte im Allgemeinen interpretiert. Mach doch aber mal ein Experiment. Setz dich auf einen Stuhl, die Füße flach auf dem Boden, und stell dir vor, unter jedem wäre eine Münze. Setz dich dann ganz aufrecht hin, als würdest du beabsichtigen, eine weitere auf dem Kopf zu balancieren. Spürst du, dass du nicht dieselbe Körperhaltung einnehmen kannst wie der Mann, der auf der Karte abgebildet ist, weil sonst die Münze herabfallen würde? Stell dir nun vor, du hieltest eine große Münze vor der Brust im Arm. Nimmst du die Kraft wahr, die in dieser Haltung liegt? So gesehen kann auch die Vier der Münzen, genau wie der Herrscher (ebenfalls eine Vier), bedeuten, dass du das, was dir wirklich wichtig ist, ganz fest hältst. (Die Idee, die Karte nachzuspielen, stammt übrigens von Mary K. Greer.)

Umgekehrt können wir uns vorstellen, dass die Struktur zusammenbricht und der Schutzschild wegfällt. Der Mensch öffnet sich für seine Gefühle, entweder aufgrund einer willentlichen Entscheidung, oder weil jemand beziehungsweise etwas seine Verteidigungslinien durchbrochen hat. Es kann auch die Bedeutung eines Fehlens von Struktur haben, sodass sich das ganze Leben wie ein einziges Chaos anfühlt.

FÜNF DER MÜNZEN

☆ ☆ ☆ ☆ ☆ ☆ ☆

SCHLÜSSELBEGRIFFE
Kampf, Not, Ausgestoßene, Unterstützung

WESEN DES ELEMENTS
Erde, Natur, Arbeit

WESEN DER ZAHL
Schwierigkeiten

Hier handelt es sich um eine der schwierigeren Karten der Kleinen Arkana, eine, bei der die Leute entsetzt die Augen verdrehen, wenn sie sie haben. Daher muss man von vornherein feststellen, dass die Karte auch Gutes zeigt; insbesondere drückt sie aus, dass sich Menschen in schwierigen Situationen gegenseitig helfen können. Das kann auch für Ausgestoßene gelten, die einander unterstützen und sich zusammenschließen, egal, wie viel Druck sie von außen erleiden, von den Behörden oder von Leuten, die sich selbst für »normal« halten und daher meinen, etwas Besseres zu sein als die anderen.

Betrachten wir aber zunächst einmal die grundlegende Idee der Not. Dieses Bild kranker Menschen im Schnee ergibt sich, wenn wir das Thema der Zahl Fünf, Schwierigkeiten, mit dem erdverbundenen Wesen der materiellen Welt kombinieren. Es bedeutet nicht, dass jemand schwer erkranken wird oder seine Wohnung verliert, wenn du diese Karte erhältst. Sie verweist lediglich auf härtere Zeiten, in denen man zusammenhalten muss.

Und genau das tun diese Leute auf dem Bild. Bei allem, was sie belastet, helfen sie einander, kämpfen auch gemeinsam gegen die Kälte an.

Sie schleppen sich an einer Kirche vorbei. In früheren Zeiten boten Kirchen Asyl. In unserem Fall aber ist die Tür verschlossen und keiner schaut aus dem Fenster. Wer hier die Macht hat, lässt keine Außenseiter herein. Das muss sich nicht auf eine Kirche oder religiöse Gemeinschaft beziehen, sondern damit kann durchaus auch eine bestimmte Clique in der Schule gemeint sein.

Bevor wir Überlegungen dieser Art eine zu große Bedeutung zumessen, müssen wir uns auch die übrigen Karten mit aller Sorgfalt anschauen. Manchmal reflektiert diese Karte nämlich auch eher die melodramatische Selbstsicht der Leute als ihre eigentliche Lebenswirklichkeit.

Umgekehrt verweist die Fünf der Münzen auf eine Wendung zum Besseren. Probleme werden kleiner, die Menschen werden mehr akzeptiert. Was auch immer die Kirche symbolisieren mag, die Türen haben sich geöffnet, man ist willkommen.

SECHS DER MÜNZEN

☆ ☆ ☆ ☆ ☆ ☆ ☆

SCHLÜSSELBEGRIFFE
Großzügigkeit, Hilfe, Bereitschaft, um Unterstützung zu bitten

WESEN DES ELEMENTS
Erde, Natur, Arbeit

WESEN DER ZAHL
Kommunikation, Teilen, Mitteilen

Abgesehen von Natur und Arbeit steht die Farbe des Pentagramms beziehungsweise der Münzen auch für Geldthemen. Vergleiche diese Karte einmal mit der Vier. Dort sehen wir einen Geizhals, der alles festhält, was er hat. Hier dagegen verteilt ein Mann Münzen an zwei Bettler. Wie üblich im Tarot müssen wir das nicht wörtlich nehmen und losrennen und Verwandte beziehungsweise reiche Freunde anpumpen. In diesem Fall sind die Münzen ein Symbol für Gefühle, praktische Hilfsleistungen beziehungsweise jede andere Art von Unterstützung, die uns jemand geben kann. (Falls du allerdings tatsächlich mit dem Gedanken spielen solltest, deine Eltern zu bitten, dass sie dir ein Auto kaufen, ist die Karte natürlich auch sehr positiv.)

Das Bild enthält einige Spitzen. Wir neigen ja vielfach dazu, uns Bettler als faul oder erniedrigt vorzustellen. Die beiden Menschen aber, die wir hier sehen, schauen weder bemitleidenswert noch selbstsüchtig aus. In manchen Fällen besteht die Aussage der Karte darin, dass wir lernen sollten, um Hilfe zu bitten, wenn wir etwas nicht allein fertig bringen. Die Menschen sind ja bereit, uns zu unterstützen, wir müssen nur den Mund aufmachen.

Und der Mann in der Mitte? Der ist den Leuten offenbar nicht böse, dass sie ihn anbetteln, gibt aber auch nicht sein ganzes Geld her. Mithilfe seiner Waage bestimmt er den richtigen Betrag. Wenn jemand deine Hilfe benötigt, hast du immer das Recht, selbst darüber zu verfügen, wie viel von deiner Zeit beziehungsweise deiner emotionalen Energie – oder auch Geld – du verausgaben kannst, ohne dich selbst in Schwierigkeiten zu bringen. Und denk daran: Möglicherweise sind die Menschen gar nicht darauf angewiesen, dass du alles für sie tust. Die Waage (siehe auch die »Gerechtigkeit« aus den Großen Arkana) mahnt dich, den Leuten zwar anzubieten, was sie wirklich benötigen, ihnen aber nicht ihre Probleme abzunehmen.

Umgekehrt zeigt die Sechs der Münzen Schwierigkeiten in Sachen Hilfe. Jemand hat Angst, oder es ist ihm peinlich, um etwas zu bitten, ein anderer möchte damit nichts zu tun haben oder fürchtet sich vor dem Druck, der davon ausgeht. Die anderen Karten zeigen dir möglicherweise einen tauglicheren Ansatz.

SIEBEN DER MÜNZEN

☆ ☆ ☆ ☆ ☆ ☆ ☆

SCHLÜSSELBEGRIFFE
Arbeit, Ruhe, Wachstum, Zufriedenheit

WESEN DES ELEMENTS
Erde, Natur, Arbeit

WESEN DER ZAHL
Stärke, Energie

Wenn wir das Thema »Stärke« in die Erde verpflanzen, so entsteht daraus ein Bild des Wachstums. Ganz so, als hätte der Mann mit harter Arbeit ein Wunder vollbracht, wachsen die Pentagramme beziehungsweise Münzen an einem Busch. Jetzt steht er daneben und betrachtet die Früchte seiner Mühen, die Hände auf einen Stock gestützt.

In der Einleitung habe ich diese Karte als Beispiel dafür genommen, wie wichtig es sein kann, zunächst einmal auf das Bild zu reagieren, bevor man herauszufinden versucht, was es bedeuten könnte. Wie interpretierst du (beziehungsweise der Fragende) den Gesichtsausdruck und die Körperhaltung des Mannes? Kommt er dir zufrieden, verärgert, frustriert, eifrig oder gelangweilt vor? Wir können das Bild auch als eine kleine Geschichte betrachten. Also: Hat der Mann den Münzbusch selbst angebaut oder begutachtet er das Werk eines anderen? Und wenn ja: Tut er es bewundernd oder voller Neid? Diese Fragen musst du dir aber nicht alle stellen. Es reicht völlig, wenn du dir das Bild anschaust und überlegst, was hier wohl geschieht. Wer ist der Mann und was tut er?

Wenn man davon ausgeht, dass er sich nach getaner Arbeit ein wenig ausruht, dann strahlt diese Karte Zufriedenheit über erbrachte Leistungen aus. Sieht man dagegen eher unschöne Gefühle im Vordergrund, achtet man mehr darauf, was der

Mann noch alles vor sich hat. Mit der Arbeit, um die es hier geht, kann alles mögliche gemeint sein, lernen, Examen, Vorbereitungen für eine Party, aber auch weniger praktische Dinge wie die Beilegung eines Streites unter Freunden.

Umgekehrt hängt die Interpretation ebenfalls ganz davon ab, was du in dem Bild siehst. Steht für dich die Zufriedenheit im Mittelpunkt, kann dies umgekehrt bedeuten, dass du noch viel zu tun hast. Bei Frustration oder Ärger dagegen fängst du an wahrnehmen zu können, was du schon alles geleistet hast.

ACHT DER MÜNZEN

☆ ☆ ☆ ☆ ☆ ☆ ☆

SCHLÜSSELBEGRIFFE
Lernen, Anstrengung, Fertigkeit, Praxis

WESEN DES ELEMENTS
Erde, Natur, Arbeit

WESEN DER ZAHL
Bewegung

Wenn wir das Thema »Bewegung« auf das Element Arbeit übertragen, entsteht dieses Bild von einem Menschen, der hart arbeitet, um seine Leistungen zu optimieren. Es gibt einen alten Witz, in dem kommt ein Tourist nach New York und fragt einen älteren Mann auf der Straße: »Wie, bitte, geht's zur Carnegie Hall?« Und der sagt: »Üben, Üben und nochmals Üben.« Dies ist die Karte des Übens, die Karte der Praxis. Der junge Handwerker auf dem Bild – möglicherweise ist er noch Lehrling – stellt eine Münze nach der anderen her und hat dabei nichts anderes im Sinn, als sein Bestes zu geben.

Offenbar wird von niemandem ein Resultat erwartet. Bei dieser Karte geht es also nicht um Druck, es geht nicht darum, gute Noten zu bekommen oder eine Examensarbeit fertig zu stellen. Dieses Thema wird möglicherweise durch die anderen Karten ins Spiel gebracht, hier aber sitzt ein Mensch ganz allein da und tut nichts als seine Arbeit.

Bei der vorhergehenden Karte, der Sieben, haben wir uns mit den verschiedenen Möglichkeiten beschäftigt, wie der Gesichts- und Körperausdruck der abgebildeten Person zu interpretieren sein kann und wie sich das auf die Deutung der Karte auswirkt. Etwas Ähnliches können wir auch hier machen. Wirkt der Mann friedlich, zufrieden, gelangweilt, ungeduldig? Hast du den Eindruck, dass er sich nicht ganz wohl fühlt, glaubst du, dass er vielleicht Rückenschmerzen hat? Wenn es sich um eine Geschichte handeln würde: Was, denkst du, geschieht als Nächstes? Meinst du, es kommt jemand und ruft voller Begeisterung aus: »Wow, das sind ja die besten Pentagramme, die ich je gesehen habe?« Oder heißt es eher: »Was, mehr hast du nicht zustande gebracht? Das war's, du bist gefeuert!«? Die Antworten auf Fragen dieser Art sagen viel darüber aus, was die Karte im Einzelfall tatsächlich bedeutet.

Umgekehrt liegt der Akzent in aller Regel auf einer gewissen Unzufriedenheit mit der Arbeit oder einer anderen Aktivität, die viel Anstrengung erfordert. Die Person, auf die sich die Karte bezieht, wird ungeduldig, erwartet mehr Anerkennung oder Lohn. Vielleicht würde sie auch einfach nur lieber etwas anderes machen.

NEUN DER MÜNZEN

☆ ☆ ☆ ☆ ☆ ☆ ☆

SCHLÜSSELBEGRIFFE
Leistung, Zufriedenheit, Disziplin

WESEN DES ELEMENTS
Erde, Natur, Arbeit

WESEN DER ZAHL
Erfüllung

Wenn wir das Thema der Neun, Erfüllung, mit der Farbe der Arbeit kombinieren, so ergibt sich daraus das Bild einer Frau, die sehr zufrieden ist mit dem, was sie in ihrem Leben erreicht hat. Wie bei der Sieben der Münzen wachsen auch hier die Pentagrammmünzen an einem Busch, aber jetzt sind die Weintrauben reif, und es kann kein Zweifel daran bestehen, dass es sich die Frau gut gehen lässt. Möglicherweise liegt die Neun der Münzen in den Karten, wenn du mit allen Prüfungen fertig bist oder ein zeit- und energieaufwändiges Projekt abgeschlossen hast.

Der abgerichtete Falke, den die Frau auf der Hand sitzen hat, ist ein Symbol für Disziplin. Viele von uns mögen dieses Wort nicht, weil es so von außen aufgesetzt wirkt. Von Eltern oder Lehrern werden wir bestraft, wenn wir irgendeine Regel übertreten haben, und das nennen sie dann »Disziplin«. Oder aber sie sagen: »Du brauchst mehr Disziplin. Du bist viel zu faul. Du strengst dich nicht genug an.« Eigentlich ist Disziplin aber etwas vollkommen anderes. Und sie kommt auch weder von außen noch auf Befehl. Disziplin ist die Fähigkeit, seine ganze Aufmerksamkeit auf etwas Bestimmtes zu richten, so lange an sich zu arbeiten, bis man das Beste aus sich herausgeholt hat. Du kannst beispielsweise ein großes Talent für Basketball oder Ballett haben. Wenn du dann auch noch ausgiebig trainierst, kannst du so viel erreichen, dass es dich selbst überrascht. Die Frau auf der Karte ist deshalb so entspannt und glücklich, weil sie weiß, was sie geleistet hat.

Sie ist allein und nicht etwa auf einer Party, wie bei der Vier der Stäbe oder der Drei der Kelche. Die Neun der Münzen führt uns vor Augen, dass man vielleicht auch einmal, wenigstens für eine Weile, darauf verzichten muss, sich zu vergnügen, damit man etwas bekommt, was man sich von Herzen wünscht.

Umgekehrt kann diese Karte auf einen Mangel an Disziplin hindeuten. Vielleicht hängst du lieber mit deinen Freundinnen herum oder entspannst, liest oder guckst fern, statt zu pauken oder zu trainieren. Denk nun aber nicht, die umgekehrte Neun der Münzen würde dich für diese Entscheidung kritisieren. Der Tarot ist kein Lehrer, der ständig darauf besteht, dass du das »Richtige« tust. Es kann durchaus sein, dass dich die Karten auf eventuelle beklagenswerte Ergebnisse deiner Entscheidung hinweisen (dass du etwa das Examen vermasselst oder beim Tanzwettbewerb schlecht abschneidest) – was du tun sollst, sagen sie dir aber nicht. Und im Übrigen ist natürlich nicht auszuschließen, dass dich die anderen Karten darin bestätigen, es dir lieber gut gehen zu lassen als zu pauken.

ZEHN DER MÜNZEN

☆ ☆ ☆ ☆ ☆ ☆ ☆

SCHLÜSSELBEGRIFFE
Trost, Sicherheit, Langeweile, Versuchung

WESEN DES ELEMENTS
Erde, Natur, Arbeit

WESEN DER ZAHL
Exzess, Neuanfang

Am Ende der Farbe von Natur, Arbeit und Geld steht eine Szene, die ein wohlhabendes Zuhause und gut gekleidete Menschen zeigt. Sie haben alles, was sie brauchen, und noch mehr. Im Unterschied zur Zehn der Kelche (wo das Ambiente bedeutend bescheidener ist) schauen sie aber nicht vollkommen glücklich drein. Das Kind spielt nicht, sondern hält sich mit einer Hand am Rockzipfel der Mutter fest und streichelt mit der anderen einen Hund.

Vor dem Torbogen des Anwesens sitzt ein alter Mann, der über etwas nachzudenken scheint. Aber über was? Handelt es sich um den Großvater der Familie oder um einen geheimnisvollen Besucher wie im Märchen, wo sich die Götter, Engel oder Zauberer gern als ganz gewöhnliche Reisende verkleiden? Oberflächlich betrachtet scheint sich bei dieser Karte alles um Besitz zu drehen. Es steckt aber viel mehr dahinter.

Überleg mal. In fast allen anderen Karten tun die Leute irgendetwas mit dem Objekt der Farbe: Bei der Acht der Münzen ist ein Handwerker damit beschäftigt, Pentagramme herzustellen. Bei der Zehn der Kelche schauen die Leute zu den regenbogenförmig angeordneten Bechern hoch. Bei der Fünf der Münzen sind die Pentagramme immerhin ins Kirchenfenster integriert. Bei der Zehn aber sind die magischen fünfzackigen Sterne eigentlich nur schmückendes Beiwerk. Niemand nimmt sie zur Kenntnis. Also: Welcher Zauber könnte es sein, den du nicht wahrnimmst?

In Bezug auf Geld, Besitz oder Sicherheit kann uns diese Karte beruhigen. Sie stellt aber auch eine Anregung dar, sich zu fragen, was einem wirklich wichtig ist. Bei Sicherheit geht es nicht immer nur um körperliche Unversehrtheit. Manchmal halten wir auch eine Beziehung zu jemandem aufrecht, den wir eigentlich gar nicht mehr mögen, oder umgeben uns mit Leuten, die uns nicht interessieren, nur weil wir nicht allein sein wollen.

Umgekehrt nimmt die Risikobereitschaft zu. Abenteuer und neue Erfahrungen werden wichtiger als die reine Sicherheit. Eventuell befassen wir uns auch eingehender mit unserer gegenwärtigen Lebenssituation und treffen schwierige Entscheidungen.

DIE HOFKARTEN

Die Hofkarten sind im Tarot so etwas wie eine Gemäldegalerie beziehungsweise die Besetzungsliste der Geschichte, die von den anderen Karten erzählt wird. Man könnte die Karten legen, indem man das Blatt dreiteilt: Große Arkana, Augenkarten und Hofkarten. Dann mischt man die Großen Arkana, um die großen Themen zu ermitteln, die Augenkarten, um zu schauen, was passiert, und die Hofkarten, damit man weiß, wer die Akteure sind.

Traditionell repräsentieren die Hofkarten bestimmte Leute, die dein Leben zum gegebenen Zeitpunkt auf die eine oder andere Art beeinflussen. Dabei kann es sich um Menschen handeln, die du kennst, Freunde, Lehrer, Eltern oder andere Angehörige, aber auch um Fremde, die auf irgendeine Weise entscheidend in dein Leben eingreifen. (Wenn du also vorhast, gegen das Gesetz zu verstoßen, ich denke da zum Beispiel an eine Party, bei der Drogen konsumiert werden, und in deinen Karten liegen der Ritter und der König der Schwerter, dann solltest du dich vorsehen. Es könnte durchaus sein, dass du es mit einem Polizisten und einem Richter zu tun bekommst.)

In älteren Tarotbüchern finden sich sehr genaue Beschreibungen der Personenkreise, die die Hofkarten repräsentieren. So hieß es früher etwa, die Stäbe stünden für Leute mit blonden Haaren und blauen Augen, die Kelche für hellbraunes Haar und braune Augen, die Schwerter für dunkelbraune Haare und braune Augen und die Münzen für schwarzes Haar und schwarze Augen. Das mag sich ganz brauchbar anhören (und leicht zu merken ist es auf jeden Fall), wenn man aber einmal kurz darüber nachdenkt, fällt einem natürlich sofort auf, dass dann in Schweden alle Stäbe wären und es in China praktisch nur Münzen geben würde.

Und der Unterschied zwischen Bube, Ritter, Königin und König? Auch in dieser Hinsicht machte man es sich früher ziemlich einfach. Die Buben stellten Kinder (auch Mädchen) dar, die Ritter erwachsene junge Männer, Frauen waren die Königinnen und ältere Männer wurden von den Königen repräsentiert. Wie du siehst, war die Bandbreite bei den Männern erheblich größer als bei den Frauen.

In den letzten dreißig Jahren etwa wurde viel herumexperimentiert, um dieses System aufzulockern und es zweckmäßiger zu gestalten. Bei einigen Blättern wurden die Namen und Bilder auf den Hofkarten ausgetauscht. Am häufigsten ersetzte man dabei Ritter und Bube durch Prinz und Prinzessin, um das Verhältnis von Männern und Frauen auszugleichen. Außerdem versteht man die Karten heute nicht mehr so sehr als Sinnbilder verschiedener körperlichen Typen, sondern sieht darin eher Symbole für bestimmte psychologische Wesensmerkmale, die sich aus der jeweiligen Farbe (nebst zugeordnetem Element) sowie aus der Stufe ergeben, also Ritter, Bube, Königin oder König. So könnte ein Mann zum Beispiel in einer bestimmten Sitzung von der Königin repräsentiert werden und in einer anderen vom Ritter. Du denkst sicher, deine Eltern würden als König und Königin auftreten. Es kann aber durchaus sein, dass dein Vater in einer Situation, die genau diese Seite an ihm zum Vorschein bringt, als Bube der Stäbe in deinen Karten liegt.

Das ist zwar nicht mehr so einfach wie früher, dafür ist die Flexibilität bedeutend größer. Vielleicht erinnert dich allein schon das Bildmotiv an eine ganz bestimmte Person. Beim Ritter der Münzen sagst du dir vielleicht sofort: »Das ist ja Martin!« oder du wirfst nur einen kurzen Blick auf die Königin der Schwerter und denkst: »O Gott, meine Mutter!«. Wenn du jemand anderem die Karten legst und eine Hofkarte auftaucht, kannst du fragen: »Fällt dir zu diesem Bild irgendjemand Bestimmtes ein?«. Ist das nicht der Fall, brauchst du die Karten nicht gleich wegzulegen, denn dann kannst du dich auf die Beschreibungen der verschiedenen Wesensmerkmale besinnen, die den jeweiligen Karten zugeord net werden.

Manche Leute behandeln alle Hofkarten als verschiedene Aspekte der Persönlichkeit des Fragenden. Wenn du dir also die Karten legst und zum Beispiel der Ritter der Kelche auftaucht, würde das etwa heißen, dass du gerade eine Ritter-der-Kelche-Erfahrung durchmachst. Dann schaust du dir das Bild an und versuchst herauszufinden, was genau der Ritter der Kelche im Augenblick für dich bedeutet. Dabei kann dir die Beschreibung in diesem Buch natürlich helfen, aber die eigentliche Interpretation hängt, wie sonst auch, ganz von dir und der speziellen Situation ab.

Selbst wenn eine Hofkarte ganz eindeutig für jemand anderen steht, bezieht sie sich bei dieser ausgesprochen psychologischen Methode immer auch auf dich selbst, so, als würde dieser Mensch einen Aspekt deiner Persönlichkeit widerspiegeln, weil er nämlich anderenfalls gar nicht in deinen Karten aufgetaucht wäre. Ein Beispiel: Für dich kann gar kein Zweifel daran bestehen, dass sich der König der Stäbe auf deine Geschichtslehrerin bezieht, die dich ständig auf dem Kieker hat. Dann solltest du überlegen, was du in dieser Situation konkret tun kannst. Denk aber auch darüber nach, inwiefern diese Lehrerin den König der Stäbe in dir zum Vorschein bringt. Ob tatsächlich jeder einen Aspekt deiner selbst widerspiegelt? Möglicherweise, allzu streng wirst du diesbezüglich aber wohl nicht sein wollen. Betrachte es einfach als sinnvolle Anregung.

Genau wie bei den nummerierten Farbenkarten der Kleinen Arkana musst du dir auch bei den sechzehn Hofkarten nicht jede Einzelheit einprägen. Auch hier stellen wir wieder eine Verbindung her, diesmal zwischen dem Element der Farbe und dem Charakter der Position bei Hofe. Ein Beispiel: Der Bube repräsentiert einen bestimmten Menschentyp. Die spezifischen Charakteristika des Buben der Stäbe beispielsweise ergeben sich, indem man das Wesen der Buben auf die Farbe überträgt, in unserem Fall also die Stäbe mit ihrem Element Feuer.

Mit den unterschiedlichen Energien der vier Elemente haben wir uns ja schon beschäftigt (siehe Einleitung zu den Kleinen Arkana). Lass uns jetzt also schauen, was wir über Bube, Ritter, Königin und König herausfinden.

Die Buben können tatsächlich Kinder repräsentieren, zum Beispiel den jüngeren Bruder oder eine kleine Schwester. Sie können aber auch ein Hinweis auf kindliche Momente beziehungsweise Aktivitäten sein. Immer wenn du etwas Neues anfängst, dich verliebst oder von etwas begeistern lässt, dann handelst du quasi in der Rolle des Buben. Die Buben, insbesondere der der Münzen, können aber auch ein Symbol für Studenten sein. Liegt einer in den Karten, so ist das ein Zeichen dafür, dass du mit dem Lernen gut vorankommst. (Es sei denn vielleicht, es handelt sich um den Buben der Stäbe, dessen ganzes Feuer erhebliche Konzentrationsprobleme verursachen kann, oder um den der Kelche, der viel zu verträumt ist.) Die Buben treten gern am Anfang eines Projekts auf, in der Regel bedarf es aber anderer Einflüsse, um das, was sie initiiert haben, auch zu Ende zu bringen.

Die Ritter stehen für Action und Abenteuer. Im Märchen reiten die Ritter davon, um sich in den Kampf zu stürzen, ein Burgfräulein vor Schaden zu bewahren und insgesamt wahnsinnig gute und heldenhafte Taten zu vollbringen. Daher sind sie wertvolle Freunde und Unterstützer. Ritter kennt man aber auch aus Liebesromanen, was mit dazu beiträgt, dass sie sich so großer Beliebtheit erfreuen. Andererseits besteht aber auch die Gefahr, dass sie mehr in die Idee der Liebe verliebt sind als in eine bestimmte Person. Darüber hinaus sollte dir klar sein, dass fast alles, was so ein Ritter tut, irgendwie mit Kämpfen zusammenhängt. Menschen, die sich wie Ritter verhalten, insbesondere wie der Ritter der Schwerter, können aggressiv, ja sogar gewalttätig sein. Wenn ein Ritter in deinen Karten liegt, so zeigt er dir deinen Mut und deine Stärke. Du musst dir dann aber auch die anderen Karten anschauen, damit du erfährst, ob du es mit deiner ritterlichen Leidenschaft nicht vielleicht ein bisschen übertreibst.

Die Königinnen sind zwar die einzigen weiblichen Wesen, die es unter den Hofkarten gibt, das heißt aber nicht, dass sie sich nicht auch auf Männer beziehen können. Auch die drei männlichen Gestalten können ja eine Frau repräsentieren, wenn sie wie ein aufgeregter Bube, ein heldenhafter Ritter oder ein mächtiger König agiert. Die Königinnen sind das Symbol für Engagement, Zuneigung, Liebe (wenn auch nicht unbedingt Sex oder Romantik), Kompetenz und Talent. Außerdem bringen sie das Element ihrer Farbe so richtig auf den Punkt und zum Ausdruck, ob es sich nun um die feurige Energie der Stäbe handelt, die romantische des Wassers beziehungsweise der Fantasie (Kelche), um den messerscharfen Verstand der Luftfarbe Schwerter oder um die erdhafte Liebe zu Natur und Magie bei den Münzen. Die Könige mögen die Verantwortung tragen, die Königinnen aber haben sehr viel Macht.

Die Könige repräsentieren Autorität und Verantwortung. Im Mittelalter saß der König auf dem Thron und musste alle Entscheidungen treffen. Wie ein König handelst du, wenn du die Verantwortung und Leitung übernimmst, wenn du entscheidest, was zu tun ist, und dann auch dafür sorgst, dass es geschieht. (Fällt dir auf, dass im Tarot also selbst dein kleines Schwesterlein als König auftreten kann?)

Manchmal besteht ein Gegensatz zwischen der Position bei Hofe (Bube, Ritter, Königin oder König) und dem Wesen der Farbe. Ritter sind Personen der Tat, die Farbe der Kelche aber mit ihrer verträumten Sanftheit dämpft beispielsweise das Tempo des Ritters so, dass sich sein Pferd kaum noch rührt, während er in seinen Kelch stiert. Die Erdfarbe Münzen bringt den Ritter gleich vollends zum Stillstand. Schau dir nur das Bild an. Sein Pferd macht keinen Mucks, steht einfach nur da. Auch der Ritter der Münzen wünscht sich vielleicht, er dürfte unterwegs sein, um irgendwo ein junges Mädchen zu retten, aber er weiß ganz genau, dass er zu Hause bleiben und zusehen muss, dass er seinen Job geregelt kriegt.

Wenn wir uns mit den einzelnen Karten befassen, werden wir noch auf einige andere solcher Widersprüche treffen.

Vorab nur noch eine allgemeine Bemerkung zu den Hofkarten: Keine von ihnen charakterisiert einen Menschen für immer und ewig. Wenn du in einer Sitzung den König der Stäbe hast, denk darüber nach, was dir dieser Charakter zu sagen hat, überlege, was seine spezifischen Eigenschaften mit deiner aktuellen Situation zu tun haben, identifiziere dich aber nicht mit ihm. Wann hast du schließlich zum letzten Mal mit einem Zepter in der Hand auf dem Thron gesessen?

Tarotsitzungen beziehen sich naturgemäß immer nur auf einen bestimmten Zeitraum. Du mischst die Karten, schaust, was sie dir sagen wollen, und dann kannst du sie, wenn du Lust hast, noch einmal mischen. Heute hast du vielleicht den Buben der Kelche und morgen die Königin der Münzen. Beide verraten dir etwas über dich (oder einen anderen Menschen, der in deinem Leben eine Rolle spielt), keine Karte aber steht in irgendeiner Weise für die absolute Wahrheit.

Ich habe einmal versucht, alle Hofkarten auf einen Schlüsselbegriff zu reduzieren. Hier ist das Ergebnis. Wenn du erst einmal eine Zeit lang mit den Karten gearbeitet hast, bekommst du vielleicht Lust, dir selbst eine solche Liste zu erstellen.

Bube der Stäbe – Eifer
Ritter der Stäbe – Abenteuer
Königin der Stäbe – Freude
König der Stäbe – Macht

Bube der Kelche – Fantasie
Ritter der Kelche – Träume
Königin der Kelche – Liebe
König der Kelche – Kreativität

Bube der Schwerter – Vorsicht
Ritter der Schwerter – Mut
Königin der Schwerter – Weisheit
König der Schwerter – Autorität

Bube der Münzen – Lernen
Ritter der Münzen – Arbeit
Königin der Münzen – Natur
König der Münzen – Erfolg

BUBE DER STÄBE

☆ ☆ ☆ ☆ ☆ ☆ ☆

SCHLÜSSELBEGRIFFE
Eifer, Aufregung, Ehrlichkeit, Treue

WESEN DES ELEMENTS
Feuer, Handeln

WESEN DER BUBEN
Jung, energiegeladen

Der Bube der Stäbe ist ein Mann in der Blüte seiner Jahre mit einem freundlichen, offenen Gesichtsausdruck. Er hält seinen Stab fest in der Hand und betrachtet mit Eifer die Knospen. Die jüngste Hofkarte der impulsiven Farbe des Feuers brennt darauf, die Welt zu erkunden.

In einer bestimmten Tradition wird dieser Bube als der »treue Liebende« beschrieben, womit gemeint ist, dass er nicht auf Teufel-komm-raus mit dir flirten wird, nur um sich dann, sowie du ihm den Rücken kehrst, gleich der Nächstbesten zuzuwenden. »Treue« bezieht sich hier nicht ausschließlich auf Liebesbeziehungen. Es kann sich auch um einen Menschen handeln, auf den du dich unter allen Umständen verlassen kannst, der loyal zu dir steht und dir etwas von seiner überschießenden feurigen Bubenenergie abgeben kann.

In einer anderen Tradition heißt es, dieser Bube sei als Überbringer von Nachrichten aufzufassen. Dabei kann es sich um eine bestimmte E-Mail handeln oder aber auch um neue Informationen über etwas, das dich interessiert. Achte doch einmal darauf, ob du in den zwei Tagen nach einer Sitzung, bei der der Bube der Stäbe in deinen Karten lag, irgendetwas Neues erfährst.

Umgekehrt kann der Eifer dieses Buben auf Probleme und Hindernisse stoßen. Möglicherweise lässt seine Entschlossenheit nach, er wird sauer oder gerät in Verwirrung. Der Bube neigt nicht direkt dazu, zornig zu werden, wenn das Leben aber mal etwas komplizierter wird und nicht so läuft, wie er es sich vorstellt, will ihm das einfach nicht in den Kopf.

Der umgekehrte Bube der Stäbe kann auch auf Untreue hinweisen beziehungsweise auf das Gefühl, dass hinter deinem Rücken Dinge geschehen, die dir nicht gefallen.

☆ ☆ ☆ ☆ ☆ ☆ ☆

SCHLÜSSELBEGRIFFE
Abenteuer, Vertrauen, Heldentum

WESEN DES ELEMENTS
Feuer, Energie

WESEN DER RITTER
Handeln

RITTER DER STÄBE

Mit Ausnahme möglicherweise des Ritters der Schwerter könnte niemand ritterlicher und heldenhafter sein als dieser fröhliche Ritter der Stäbe mit seiner strahlend gelben Tunika und der feuerroten Feder am Helm, die im Wind hinter ihm herweht. Am Rittertum liebt er das Abenteuer, die Herausforderung und die Erregung. Im wirklichen Leben steht das für jemanden, der alles kennen lernen und Neues erleben möchte, für einen Menschen voller Selbstvertrauen, fast schon ein echter Held. Wenn du in Schwierigkeiten bist, kannst du dich auf den Ritter der Stäbe hundertprozentig verlassen. Er wird herbeigeritten kommen und dich retten und sich auch mit den Leuten anlegen, die dich schikanieren oder bedrohen. Richtig oder falsch interessiert ihn dabei weniger. Was ihn reizt, ist die Aufregung und die Chance, sich als Held zu erweisen.

Er reitet durch die Wüste. Die Pyramiden im Hintergrund, das Wahrzeichen des alten Ägypten, deuten auf den Wunsch hin, neue, exotische Erfahrungen zu machen. Die betreffende Person liest vielleicht gern Bücher über Weisheit und Magie, beschäftigt sich mit Zauberei und Ritualen oder unternimmt gern schamanische Trancereisen. Dabei geht es ihr nie darum, ihre Macht zu vergrößern, im Vordergrund steht immer der Reiz des Neuen. Wenn es der Ritter der Stäbe mit Drogen zu tun bekommt, was nicht auszuschließen ist, dann weniger der Bewusstseinsveränderung wegen, sondern eher weil er die Spannung und den Thrill so mag, die damit verbunden sind.

Ungeachtet der geheimnisvollen Pyramiden im Hintergrund hält er sich in einer Wüste auf. Es kann nämlich durchaus sein, dass der Ritter der Stäbe die Leute um sich herum mit seinem ganzen grenzenlosen Optimismus und seinem Selbstvertrauen schier überwältigt, dabei selbst aber ein Burn-out-Syndrom erleidet.

Umgekehrt trifft der Ritter der Stäbe auf mehr Widerstand, als er verkraften kann. Bei all seinem Heroismus ist er als Kämpfer längst nicht so perfekt, wie er denkt. Wer diese Karte umgekehrt bekommt, sollte sich in einer Situation, in der er eigentlich am liebsten vorpreschen würde, lieber etwas zurücknehmen und langsam und bedächtig vorgehen. Wenn in einer Sitzung nach einem bestimmten Projekt gefragt wird, kann der Ritter der Stäbe überdies auf Verzögerungen oder Rückschläge verweisen.

KÖNIGIN DER STÄBE

☆ ☆ ☆ ☆ ☆ ☆ ☆

SCHLÜSSELBEGRIFFE
Freude, Lebensfreude, Glaube, Magie

WESEN DES ELEMENTS
Feuer, Energie

WESEN DER KÖNIGINNEN
Engagement, Kompetenz

Sie sitzt auf ihrem Thron, eine Sonnenblume in der Hand, eine schwarze Katze zu ihren Füßen. In der Königin der Stäbe sehen wir einen Menschen, der das Leben liebt und es richtig zu genießen weiß. Er ist gern in der Natur, mag die einfachen Vergnügungen und stürzt sich voller Engagement in alles, was er tut. Eine besondere Liebe hat er zu den Tieren.

Übrigens ist die Königin der Stäbe von allen Königinnen im Tarot die einzige, die die Beine nicht fest geschlossen hält, ein Symbol sowohl für ihr Selbstvertrauen als auch für den Spaß, den sie an ihrer Sexualität hat. Das macht sie aber beileibe nicht zur Hure, würde das doch bedeuten, dass sie von anderen Menschen benutzt und manipuliert würde. Sie aber übernimmt selbst die volle Verantwortung für ihr Liebes- und Sexualleben. Kein Mensch kann sie zu etwas überreden, wozu sie keine Lust hat, und was »man« nicht tut, kümmert sie kein bisschen. Man kann sie als eine Frau beschreiben, die nie darauf gehört hat, wenn ihre Mutter sie aufforderte, sich »wie eine Dame« zu benehmen.

Die schwarze Katze, die vor ihr sitzt, deutet auf ein gewisses Interesse an Wicca und Hexen hin. Vielleicht verfügt sie über magische Fähigkeiten, möglicherweise auch über eine naturwissenschaftliche Begabung. Katzen galten immer als »Vertraute« oder Helfer von Hexen. Dass auf dieser Karte eine abgebildet ist, ist aber vielleicht einfach nur ein Zeichen dafür, dass die Königin dem Leben eine derart positive Haltung entgegenbringt, dass alles in ihrem Sinne läuft, als wäre das Leben selbst der Lohn für ihren Enthusiasmus und ihr Selbstvertrauen.

Umgekehrt hat es diese Königin wie alle Stäbekarten mit Widerstand und Rückschlägen zu tun. In der Natur des Feuers liegt der Optimismus, und die Königin geht alle Probleme mit Selbstvertrauen und Hilfsbereitschaft an. Man kann auf sie zählen, wenn man in Schwierigkeiten kommt, aber nur bis zu einem gewissen Punkt. Wenn eine Krise zu lang anhält, oder die Leute allzu negativ oder pessimistisch werden, kann es sein, dass sie frustriert wird und weg will.

☆ ☆ ☆ ☆ ☆ ☆ ☆

SCHLÜSSELBEGRIFFE
Power, Stärke, Mut, Arroganz

WESEN DES ELEMENTS
Feuer, Energie

WESEN DER KÖNIGE
Verantwortung

KÖNIG DER STÄBE

Voller Selbstvertrauen und Power sitzt er auf seinem Thron, ganz erfüllt von der Feuerenergie seiner Farbe und der Autorität seiner Position. In einem seiner alten Filme hat Mel Brooks einmal gesagt: »Es ist gut, König zu sein.« Der König ist gern Bestimmer – er mag es, wenn die Leute auf ihn hören und tun, was er sagt.

Da großes Selbstvertrauen in der Natur der Stäbe liegt, ist es gar nicht so schwer, König zu werden – beziehungsweise die Verantwortung zu übernehmen. Aber will er diesen Job eigentlich? Ich stelle mir manchmal vor, dass der König der Stäbe im Grunde viel lieber Ritter wäre und gern in die Welt hinausziehen und Abenteuer erleben würde.

Was das für das wirkliche Leben bedeutet? Denk an den Anführer oder die Anführerin einer Clique in der Schule. Dabei kann es sich um dich selbst handeln, aber auch um jemanden, den du kennst. Die Leute reißen sich darum, dieser Person nahe sein zu können, wollen unbedingt ihr Interesse erregen. Einem solchen Menschen fliegt das alles scheinbar nur so zu. Aber dann wollen die anderen plötzlich auch, dass er ihnen zeigt, wo's langgeht, sie beginnen, um seine Aufmerksamkeit zu konkurrieren. Oder erwarten vom König der Stäbe ganz selbstverständlich, dass er vorgibt, wo es am Freitagabend hingeht, ob man sich zusammen einen Film anschaut oder rumhängt und nichts tut. Es ist nicht auszuschließen, dass der König zwar gern König ist, aber nicht so gern die Verantwortung trägt.

Umgekehrt kann das Selbstvertrauen in Arroganz umschlagen. Dem König fällt es schwer, sich in Menschen hineinzuversetzen, die niedergeschlagen sind, Probleme haben oder schikaniert werden. Erleidet der König aber auch selbst einmal einen ernsthaften Rückschlag (vielleicht zum ersten Mal in seinem Leben), nimmt seine Toleranz gegenüber Menschen, die er früher für Schwächlinge hielt, möglicherweise zu.

☆ ☆ ☆ ☆ ☆ ☆ ☆

SCHLÜSSELBEGRIFFE
Fantasie, Romantik, Wunder, Kreativität

WESEN DES ELEMENTS
Wasser, Gefühl

WESEN DER BUBEN
Jung, energiegeladen

BUBE DER KELCHE

Die Kelche sind die Farbe der Emotion, Liebe und Fantasie. In Bezug auf neue Beziehungen ist diese Karte daher ein sehr gutes Omen.

Wenn du jemanden magst und der Bube der Kelche in deinen Karten liegt, kannst du davon ausgehen, dass der Betreffende dir sehr zugewandt ist, dir viel Aufmerksamkeit schenkt, verträumt und liebevoll ist. Auch wenn er genauso alt ist wie du oder vielleicht sogar älter, wirst du ihn für jünger halten. Vielleicht ist der Bube einfach nur unreif (und dabei unglaublich niedlich), vielleicht wirkt er aber auch aufgrund seines unkomplizierten Eifers so jung. Auf Zynismus brauchst du dich beim Buben der Kelche jedenfalls nicht einzustellen.

Mehr noch als für die Liebe steht der Bube der Kelche allerdings für Fantasie. Von allen Kelchkarten ist diese die einzige, bei der ein Tier im Kelch zu sehen ist. (Bei der Sechs der Kelche befinden sich Blumen darin.) Der Fisch kann verschiedenerlei symbolisieren, in diesem Fall steht er für die produktive Kraft des Geistes. Der Bube tut gar nichts Besonderes, er beobachtet nur, wie jemand, der sich im Sessel zurücklehnt und sich wunderbare Geschichten oder tolle Songs einfallen läst, ohne sich größer darum zu kümmern, ob real auch etwas daraus wird. Der Bube der Kelche ist ein Zeichen für große schöpferische Energien, möglicherweise bedarf es aber weiterer Karten, etwa aus dem Kreis der hart arbeitenden Münzen, damit tatsächlich etwas geschieht.

In sehr geschäftigen Zeiten oder wenn du Ärger beziehungsweise emotionale Probleme hast, solltest du im Buben der Kelche die Aufforderung sehen, auf Abstand zu gehen, ein paar Mal tief durchzuatmen und die Situation zu durchdenken, in der du dich befindest. Entscheidungen kannst du später treffen. Jetzt brauchst du erst einmal ein bisschen Distanz.

Umgekehrt übernimmt die Fantasie das Ruder. Vielleicht malt sich jemand etwas so intensiv aus, dass es ihm vorkommt, als sei es bereits Wirklichkeit. Die betreffende Person jagt dann möglicherweise etwas völlig Unrealistischem hinterher und ist nicht bereit, auf Freunde zu hören, die dem Boden der Tatsachen näher sind.

☆ ☆ ☆ ☆ ☆ ☆ ☆

SCHLÜSSELBEGRIFFE
Träume, Wünsche, emotionale Konflikte

WESEN DES ELEMENTS
Wasser, Gefühl

WESEN DER RITTER
Handeln

RITTER DER KELCHE

Der Ritter der Kelche befindet sich ernsthaft im Konflikt zwischen der Energie seiner Farbe und der Rolle, die er verkörpert. Die Ritter sind das Symbol für Handeln und Verantwortung. Sie preschen vor, ziehen in den Kampf, geben sich heroischen Missionen hin, retten Fräuleins, kämpfen mit Drachen ... Im traditionellen Rittertum widmen sie sich natürlich auch ihren Damen. Die Kelche dagegen schauen eher nach innen, konzentrieren sich mehr auf ihre eigenen Gedankenspiele und Emotionen. Der Ritter, mit dem wir es hier zu tun haben, sitzt in voller Rüstung auf seinem Pferd, alles ist bereit für einen großen, tapferen Kampfeinsatz. Das Pferd aber scheint auf der Stelle zu treten. Und statt die Waffe für den Einsatz vorzubereiten, richtet der Ritter den Blick lieber auf den Kelch in seiner Hand.

Wenn es bei der Sitzung um Liebe geht (oder auch um Sex, was nicht dasselbe sein muss), wenn du jemanden magst und der Ritter der Kelche für diese Person auftaucht – oder auch für dich persönlich –, kannst du davon ausgehen, dass der (oder die) Betreffende noch nicht so genau weiß, was er eigentlich will. Die romantischen Vorstellungen sowie die sexuelle Energie der Ritter drängen darauf, eine Verbindung einzugehen. Die Tatsache aber, dass die Kelche so nach innen gerichtet sind, sorgt dafür, dass der Ritter auch gern allein sein und seinen Träumen nachhängen möchte. Folglich kann es durchaus sein, dass er dir heute das Blaue vom Himmel verspricht und morgen nicht einmal deine E-Mail beantwortet oder ans Telefon geht, wenn du anrufst. Versteh das nicht als Zurückweisung, denn es geht gar nicht gegen dich persönlich. Es tröstet dich vielleicht ein bisschen, wenn du das weißt, irritiert und verletzt wirst du aber wahrscheinlich trotzdem sein.

Die Richtung, in die der Ritter tendiert, kannst du den übrigen Karten entnehmen. Der Eremit, die Hohepriesterin oder die Neun der Münzen zum Beispiel würden die zurückgezogene Seite betonen, während die Herrscherin, die Liebenden und die Zwei der Kelche eher für Liebe und Beziehung sprechen würden.

Umgekehrt sieht sich der Ritter vermutlich genötigt, eine Entscheidung zu treffen. Er wird bedrängt, aus seinen Träumen aufzuwachen und sich um seine Sachen zu kümmern, seien es die Schulaufgaben, Freunde oder der Partner beziehungsweise die Partnerin. Das mag dem Ritter vielleicht nicht gefallen, im Moment ist es aber genau das, was er braucht.

KÖNIGIN DER KELCHE

☆ ☆ ☆ ☆ ☆ ☆ ☆

SCHLÜSSELBEGRIFFE
Liebe, Zuwendung, starke Persönlichkeit, Führernatur

WESEN DES ELEMENTS
Wasser, Gefühl

WESEN DER KÖNIGINNEN
Engagement, Kompetenz

Die Kelche sind die Farbe des Wassers, des Elements von Gefühl, Liebe und Fantasie, und die Königin repräsentiert weibliche Stärke.

Wenn beides zusammenkommt, ergibt sich daraus eine sehr starke Karte, das Bild eines engagierten, offenen Menschen, der auf seine Ideen und Gefühle vertraut. In der Regel handelt es sich dabei um eine ausgesprochene Führungspersönlichkeit, sei es in der Schule oder unter Freunden. Wie die anderen Kelchkarten verfügt auch die Königin über ein sehr gutes Vorstellungsvermögen. Außerdem weiß sie ganz genau, wie sie sich engagieren und andere inspirieren muss, um ihre Fantasien und Träume umsetzen zu können.

Sie sitzt relativ entspannt auf dem Thron und fühlt sich wohl mit ihrer Macht und ihren Emotionen. Den Kelch, den sie fest in ihren Händen hält, betrachtet sie mit großer Intensität. Die Karte kann sich auch auf einen Menschen beziehen, dem ernsthaft daran gelegen ist, sich mit sich selbst auseinander zu setzen, zu erfahren, wer er wirklich ist und was er kann. Junge Menschen, insbesondere Mädchen, haben heutzutage häufig Probleme mit dem Selbstbewusstsein und verlieren leicht den Glauben an ihre Fähigkeiten. Die Königin der Kelche ist eine junge Frau, die zu verhindern weiß, dass ihr so etwas geschieht.

Ihr Thron steht auf dem Trockenen, aber sie ist ringsum von Wasser umgeben, ja es scheint sogar bis in die Falten ihres Gewandes vorzudringen. Wasser bedeutet Gefühl, während die Erde für unsere Verbindung mit der Wirklichkeit steht. Ihre Gefühle leugnet die Königin der Kelche nie, sie sind ihr immer wichtig, genau wie ihre Fantasien. Aber trotzdem verliert sie auch nicht den Kontakt mit der Wirklichkeit.

Umgekehrt kann die Königin der Kelche die Balance zwischen ihrer emotionalen Intensität und den praktischen Dingen des Lebens verlieren, überdramatisch oder emotional aggressiv werden. Was sie dann braucht, könnte irgendein kreatives Projekt sein, damit sie ihre ganze Vorstellungskraft und ihre Wünsche nicht ausschließlich auf Freunde und Angehörige lenken muss.

KÖNIG DER KELCHE

☆ ☆ ☆ ☆ ☆ ☆ ☆

SCHLÜSSELBEGRIFFE
Kreativität, Künstler, Erfolg, unterdrückte Gefühle

WESEN DES ELEMENTS
Wasser, Gefühl

WESEN DER KÖNIGE
Verantwortung

KÖNIG DER KELCHE

Wie der Ritter impliziert auch der König der Kelche einen potenziellen Widerspruch zwischen der Farbe und der Stellung. Häufig gewinnt jedoch die königliche Seite die Oberhand. Bei den Königen geht es immer auch um Verantwortung und Entscheidungen. Man erwartet von dir, dass du dich kümmerst, dass du dafür sorgst, dass alles rund läuft. Bei den Kelchen handelt es sich jedoch um die Farbe des Gefühls, der Träume, Fantasien und Romantik. Diese beiden Dinge vertragen sich nun einmal nicht besonders gut. Der König kann also für jemanden stehen, der seine intensiven Gefühle versteckt, sich anscheinend nur darum kümmert, gute Noten zu bekommen oder Chef seiner Gruppe zu sein, sich unter der Oberfläche aber mehr Gedanken macht, als man denken würde.

Sein Thron ist aus Stein, stabiler als alles andere, und dennoch treibt er irgendwie auf dem bewegten Meer, dem Symbol für starke Emotionen.

Der König hat aber auch noch eine andere Seite. Es kann sich zum Beispiel um einen Künstler handeln, um jemanden, der die gesamte Fantasie und Verträumtheit der Kelche nutzt und etwas Konkretes damit anzufangen weiß. Wenn du zum Beispiel eine Band gründen oder ein Buch schreiben möchtest, steht die Karte für Erfolg, insbesondere in Kombination mit Karten wie Die Welt oder Der Magier.

Umgekehrt können verborgene Emotionen an die Oberfläche kommen. Der König kann ganz sentimental und liebevoll werden oder aber auch zu Temperamentsausbrüchen neigen. Ein anderer Aspekt des umgekehrten Königs der Kelche ist, dass er uns einen Menschen zeigt, der bereit ist, Risiken einzugehen, um seinen Traum zu verwirklichen.

BUBE DER SCHWERTER

☆ ☆ ☆ ☆ ☆ ☆ ☆

SCHLÜSSELBEGRIFFE
Vorsicht, Wachsamkeit, Intelligenz, Lernen, hehre Prinzipien

WESEN DES ELEMENTS
Luft, Geist

WESEN DER BUBEN
Jung, energiegeladen

Kurz vor Schulaufgaben oder dem Examen ist diese Karte hoch willkommen. Ebenfalls, wenn du den Verdacht hast, dass deine beste Freundin hinter deinem Rücken schlecht über dich redet. »Jung«, die Eigenschaft der Buben, geht hier eine Verbindung mit der geistigen Energie (und den entsprechenden Konflikten) der Schwerter ein und bringt eine Figur hervor, die weniger kampfbereit ist als der Ritter und weniger belastet als Königin oder König, aber immer noch zu allem bereit.

Dieser Bube wirkt wie die meisten anderen auch sehr jung, außerdem gehört er wahrscheinlich zu den bestaussehenden im gesamten Tarot; sein Gewand bietet ihm im Fall der Fälle allerdings wahrscheinlich nicht viel Schutz. Er wirkt ganz in Alarmbereitschaft, hat sein Schwert schon gezückt. Menschen gegenüber, die er als Freunde betrachtet, kann er sehr loyal sein, anderen traut er nicht über den Weg.

Dieser Bube ist ausgesprochen prinzipientreu und legt an alles, was er tut oder sagt, höchste Maßstäbe an. Das kann zum Problem werden, wenn er sich nämlich nicht einmal den kleinsten Fehler zugesteht und nie das Visier hochklappt. Darüber hinaus kann er zu dem Ergebnis kommen, dass andere Leute seinen strengen Prinzipien nicht entsprechen, was große Einsamkeit zur Folge haben kann. Auch verärgert es unter

Umständen Leute, die keine Lust haben, seinen hohen Ansprüchen und Erwartungen zu genügen.

Umgekehrt liegt die Betonung auf Misstrauen. Übertriebene Wachsamkeit kann sich in Nervosität ausdrücken oder auch darin, dass andere Leute beschuldigt werden, sie hätten dem Buben Verletzungen zugefügt. Vielleicht muss er sich einfach nur entspannen und selbst ein paar Abstriche von seinen hohen Standards machen. Leute, die in der Schule immer eine Eins haben wollen und für die schon der Gedanke an eine Zwei der reine Horror ist, haben mit dem umgekehrten Buben der Schwerter genau die richtige Karte erwischt.

RITTER DER SCHWERTER

☆ ☆ ☆ ☆ ☆ ☆ ☆

SCHLÜSSELBEGRIFFE
Mut, Heroismus, Aggression, Kampf, Willensstärke

WESEN DES ELEMENTS
Luft, Geist

WESEN DER RITTER
Handeln

Den Ritter der Schwerter kannst du gut brauchen, wenn du dich im Kampf mit irgendjemandem befindest. Wenn du dich mit dem Vizedirex deiner Schule über eine ungerechte Disziplinarmaßnahme auseinander setzen musst, Probleme mit einer Clique hast, deine Eltern dir ständig Vorschriften machen, eine Freundin dich schlecht behandelt oder dabei ist, einen großen Fehler zu machen, in allen diesen Fällen kannst du dir die Energie des Ritters der Schwerter nur wünschen.

Er scheint bei stürmischem Wetter über die Wolken zu reiten. Die Landschaft ist öde, die Bäume haben ihr Laub verloren. Das ist kein angenehmes Ambiente, kein Ort, an dem man sich gern aufhält. Den Ritter der Schwerter aber kann nichts zurückhalten. Er hat seine Waffe gezückt und prescht vor. In Kombination mit anderen kraftvollen Karten wie dem Wagen oder einigen der Stäbe, wirst du (beziehungsweise die Person, für die die Karte steht) hier als wahrhaft unerschöpflicher Quell von Mut und Tatendrang beschrieben.

Die Situation erfordert aber vielleicht gar nicht so viel Aggression. Statt auf deine Freundin oder die Eltern loszugehen, solltest du vielleicht eher mit ihnen sprechen und ihnen auch einmal zuhören. Die Tatsache, dass ein bestimmtes Motiv in den Karten liegt, heißt ja noch lange nicht, dass wir uns auch entsprechend verhalten müssen. Möglicherweise beschreibt diese Karte auch nur das Verhalten, zu dem du neigst. Die anderen Karten – und natürlich auch dein eigenes gesundes Urteilsvermögen – helfen dir, das herauszufinden.

Umgekehrt zweifelt der Ritter der Schwerter an sich selbst oder stellt sich infrage. Er hat eventuell irgendeine Niederlage oder einen Rückschlag erlitten, die den felsenfesten Glauben an sich und die Rechtschaffenheit seiner Sache erschüttert. Es kann aber auch sein, dass es der Betreffende mit seiner Risikobereitschaft übertreibt, dass er sich mutwillig in Gefahr begibt.

KÖNIGIN DER SCHWERTER

☆ ☆ ☆ ☆ ☆ ☆ ☆

SCHLÜSSELBEGRIFFE
Weisheit, Traurigkeit, Einsamkeit, hohe Intelligenz

WESEN DES ELEMENTS
Luft, Geist

WESEN DER KÖNIGINNEN
Engagement, Kompetenz

Diese Karte ist ziemlich gemischt. Die Königin der Schwerter ist nicht nur sehr intelligent, sondern wahrhaft weise, eine Frau, die die Menschen und ihren Schmerz versteht. Achte einmal darauf, wie sehr sie der Frau ähnelt, die auf der »Gerechtigkeit« in den Großen Arkana abgebildet ist. Sie hält das Schwert der Rechtschaffenheit in der Hand, und ihre Linke ist so ausgestreckt, als hielte sie die Waage. Da ist aber keine Waage. Sie hat nicht gelernt, die ganzen Erkenntnisse ihres messerscharfen Verstandes miteinander in Einklang zu bringen. Daher neigt sie zum Extrem. Sie gehört zu den Leuten, die jedem gleich alles auf die Nase binden, was sie beobachten, auch wenn es keiner hören will.

Manch einer sieht in dieser Karte große Einsamkeit. Aufgrund ihrer Intelligenz (oder vielleicht auch einer Zunge, die genauso scharf ist wie ihr Verstand) hat sich die Königin von den Leuten isoliert, mit denen sie gern eine Beziehung hätte. Sie sitzt auf ihrem schicken Thron, im Hintergrund ein kleiner Fluss, und weit und breit ist kein anderer Mensch zu sehen.

Wenn diese Karte in einer Sitzung auftaucht und die Traurigkeit und Isolation, die daraus hervorgehen, dich verwirren, dann denk daran, dass keine Karte je den ganzen Charakter eines Menschen beschreibt, und schon gar nicht für alle Zeiten. Die Hofkarten sind nicht wie die Sonnenzeichen in der

Astrologie (»du bist Schütze, Schützen sind ...«). Sie zeigen eher eine Momentaufnahme. Diese Königin tritt möglicherweise nach einer Trennung oder einem Streit mit Freunden auf, vielleicht auch in einer Zeit, in der du Dinge an deiner Familie beobachtest, von denen niemand etwas wissen will.

Manche Leute interpretieren diese Karte aber auch bedeutend positiver, nämlich als schöpferische Intelligenz. Im Schwert sehen sie Denkvermögen und Kunstfertigkeit (stell es dir als Federhalter oder Pinsel vor), und die Königin selbst betrachten sie als einen Menschen, der in der Lage ist, seine Träume zu leben.

Umgekehrt kann die Königin der Schwerter verschiedene Richtungen einschlagen, je nach Energie. Sie kann beckmesserisch und aggressiv werden, jedoch auch weicher, offener und toleranter gegenüber den Schwächen ihrer Mitmenschen. Zudem kann ihre Isolation enden, wenn neue Leute in ihr Leben treten.

KÖNIG DER SCHWERTER

KÖNIG DER SCHWERTER

☆ ☆ ☆ ☆ ☆ ☆ ☆

SCHLÜSSELBEGRIFFE
Autorität, Macht, Intellekt, Stärke

WESEN DES ELEMENTS
Luft, Geist

WESEN DER KÖNIGE
Verantwortung

Hier sehen wir einen gestrengen König auf einem hohen Thron, einen Menschen, der sich eher vom Intellekt leiten lässt als von seinen Gefühlen. Gesichtsausdruck und Körperhaltung sprechen für große Selbstdisziplin. Er wirkt ausgesprochen willensstark, ist geradezu brillant und neigt dazu, Menschen zu überrennen, die nicht so klar und schnell denken wie er.

In anderen Versionen der Karten wirkt der König der Schwerter wie der meistgefürchtete Lehrer der gesamten Schule. Auch erinnert er an eine Vaterfigur, die tadelt, Anweisungen erteilt oder einen irgendwie maßregelt. Er ist ganz aggressiv vornüber gebeugt, das Schwert schon bereit in der Hand. Er sieht wild und abgearbeitet aus.

Das Schwert hält er längst nicht so senkrecht wie die Königin. Das kann auf eine gewisse Ungerechtigkeit hindeuten, auf einen Menschen, der Macht hat, Regeln aufstellt oder Entscheidungen trifft, die auf Vorurteilen beruhen oder auch einfach nur auf der Tatsache, dass er die Befugnis dazu hat.

Wenn diese Karte auftritt und du irgendjemanden darin wiedererkennst, solltest du einmal darüber nachdenken, was dieser Mensch für dich bedeutet.

Umgekehrt wird der König weicher, öffnet sich für andere Menschen und für seine eigenen Gefühle. Er beginnt seine Entscheidungen in Zweifel zu ziehen und hört mehr auf andere.

BUBE DER MÜNZEN

☆ ☆ ☆ ☆ ☆ ☆ ☆

SCHLÜSSELBEGRIFFE
Lernen, Faszination, Projekte, Engagement

WESEN DES ELEMENTS
Erde, Natur, Arbeit

WESEN DER BUBEN
Jung, energiegeladen

Genau wie einige Schwerter und die Acht oder Neun der Münzen ist auch diese Karte ganz besonders günstig, wenn du lernen oder dich einem bestimmten Projekt widmen möchtest. Aus der Verbindung von Arbeit, dem Wesen des Elements, und den Charakteristika des Buben, frische Energie und Begeisterung, entsteht jemand, der sich ganz dem Lernen widmet. Der auf der Karte abgebildete Bube scheint sich für gar nichts anderes zu interessieren als für die Pentagrammmünze, die er in den Händen hält und intensiv betrachtet.

Er ist kein Arbeitstier, also nicht so ein Streber, der paukt und paukt, um gute Zensuren zu bekommen, sich aber eigentlich gar nicht für die Inhalte interessiert. Nein, der Bube der Münzen ist vollkommen in seine Arbeit versunken. Sie fasziniert ihn und er möchte einfach nur so viel wie möglich darüber erfahren.

Die Münze steht nicht ausschließlich für Schule und Studium, sondern versinnbildlicht alles, was die Aufmerksamkeit eines Menschen total fesselt. Das kann die Natur sein (das Element Erde repräsentiert die reale Welt) oder aber auch etwas Magisches (wie zum Beispiel Tarot), denn schließlich ist das Pentagramm ja auch ein magisches Symbol. Worum es geht, ist die Bereitschaft, sich mit Haut und Haaren auf etwas einzulassen.

Unter Umständen macht es übrigens mehr Spaß, selbst dieser Bube zu sein, als mit ihm auszugehen, denn wenn jemand gerade seine Bube-der-Münzen-Phase durchmacht, interessiert ihn das soziale Leben praktisch gar nicht, steckt er doch seine gesamten Energien in das Gebiet, das ihn so fasziniert.

Umgekehrt verlagern sich die Interessen. Die anfängliche Begeisterung für ein Projekt legt sich, und der Bube beginnt sich auf andere Dinge zu besinnen wie etwa Freunde, Partys oder Sex. Wenn du lernen oder an irgendetwas arbeiten willst, erinnert dich der umgekehrte Bube daran, dass du dich konzentrieren musst. Er könnte zum Beispiel sagen: »Warum legst du dir die Karten, statt Hausaufgaben zu machen?«

RITTER DER MÜNZEN

Genau wie der Ritter der Kelche ist auch diese Karte ein Beispiel dafür, wie sehr sich die Charakteristika der Farbe und die der Stellung widersprechen können. Erde steht für alles Solide, hart Arbeitende und Körperliche, während die Ritter Aktion, Bewegung und Abenteuer repräsentieren. Zusammengenommen ergibt sich daraus das Bild eines Menschen, der schuftet wie ein Tier, dem es aber schwer fällt, seine Aufgaben auch einmal hintanzustellen und sich eine gute Zeit zu gönnen.

Im Unterschied zu allen anderen Rittern, selbst dem Ritter der Kelche, bewegt sich das Pferd des Ritters der Münzen überhaupt nicht. Es ist ein ruhiger Tag, und das Tier steht einfach nur so da. Der Ritter hält seine Münze in der Hand. Aber nimmt er sie auch wahr? (Vergleich das nur einmal mit dem Buben der Münzen, der total fasziniert ist von seinem Pentagramm.) Wenn nicht, dann verrichtet er seine Arbeit vielleicht ganz automatisch, ohne sich viel darum zu kümmern, was es eigentlich damit auf sich hat. Auf diese Frage gibt es aber keine richtige oder falsche Antwort. Triff selbst eine Entscheidung und schau, was sie für dich bedeutet.

Wenn jetzt ein Drache des Weges käme oder jemand um Hilfe riefe, könnte der Ritter dann seinem Pferd oder auch sich selbst die Sporen geben und etwas unternehmen? Was wäre

☆ ☆ ☆ ☆ ☆ ☆ ☆

SCHLÜSSELBEGRIFFE
Arbeit, Engagement, festgefahren

WESEN DES ELEMENTS
Erde, Natur, Arbeit

WESEN DER RITTER
Handeln

nötig, um diesen Ritter in die Spur zu setzen? Oder ist das gar keine so gute Idee? Vielleicht ist es unter den gegebenen Umständen ja auch besser, zu verharren und sich eines bestimmten Problems anzunehmen, selbst wenn unsere ritterliche Seite viel lieber davongaloppieren und das Abenteuer suchen würde.

Umgekehrt sehnt sich der Ritter der Münzen nach mehr Aufregung und Action. Das ständige Arbeiten wird ihm zu viel. Du könntest diese Karte während langwierigerer Prüfungsvorbereitungen bekommen, wenn du einfach mal eine Pause brauchst. Es kann aber auch bedeuten, dass du dich mehr für das zu interessieren beginnst, was du tust, und Spaß an Aspekten deiner Arbeit findest, die dich vorher immer nur gelangweilt haben.

KÖNIGIN DER MÜNZEN

☆ ☆ ☆ ☆ ☆ ☆ ☆

SCHLÜSSELBEGRIFFE
Natur, Vergnügen, eine gute Zeit

WESEN DES ELEMENTS
Erde, Natur, Arbeit

WESEN DER KÖNIGINNEN
Engagement, Kompetenz

Dies ist einmal eine Karte, bei der Element und Position perfekt zusammenpassen. Die enge Bindung der Königin an ihr Element sowie ihre große Kompetenz treffen auf das Erdthema Natur, woraus sich eine Persönlichkeit ergibt, die sich an der Natur erfreut, aber auch das Leben selbst liebt. Sie sitzt auf ihrem Thron, ein Symbol dafür, dass andere Menschen zu ihr aufblicken. Der Thron befindet sich aber in einiger Entfernung vom Schloss, gleichsam, als sei der Königin Bewunderung gar nicht so wichtig. Sie sitzt in einem Garten (schau, wie sich über ihrem Kopf die Zweige zweier Bäume vereinigen). Vielleicht auch fern von allem anderen, mit nichts im Rücken als Natur. Vor einem Trip in die Wildnis oder einer Urlaubsreise, bei der du nur deinen Spaß haben und alle Probleme, die du zu Hause hast, hinter dir lassen möchtest, wäre diese Karte ideal.

Wenn man einmal darauf achtet, wie die Figuren ihr Emblem halten, erfährt man viel über ihren Charakter. Der Bube betrachtet seine Münze sehr intensiv, beim Ritter ist nicht ganz klar, ob er sie überhaupt zur Kenntnis nimmt, und der König hält sie wie ein Zeichen seiner Macht in der Hand. Nur die Königin scheint sie in ihrem Schoß zu wiegen und schaut sie ganz liebevoll an. Was immer die Münzen auch für dich bedeuten, Natur, Arbeit oder Geld, die Königin zeigt, wie es sich gut damit leben lässt.

Umgekehrt gerät die Königin der Münzen in Gefahr, das Gefühl für die einfachen Dinge des Lebens zu verlieren. An die Stelle ihrer Liebe zur Natur kann Besitzdenken treten. Es kann auch sein, dass ihr ihre ganze Verantwortung zu viel wird. Die Menschen, vielleicht auch die Schule, setzen sie unter Druck. (Möglicherweise bekommst du diese Karte kurz vor Ende des Schuljahres.) Eine Zeit, in der einem alles einfach und schön vorgekommen ist, kann sich dem Ende zuneigen.

KÖNIG DER MÜNZEN

KÖNIG DER MÜNZEN

☆ ☆ ☆ ☆ ☆ ☆ ☆

SCHLÜSSELBEGRIFFE
Erfolg, Besitz, Zufriedenheit, Großzügigkeit

WESEN DES ELEMENTS
Erde, Natur, Arbeit

WESEN DER KÖNIGE
Verantwortung

Genau wie seine Partnerin, die Königin, scheint sich auch dieser König in seiner Rolle sehr wohl zu fühlen. Er hält seine Münze wie ein riesiges Goldstück, ein Symbol für seinen Reichtum und seine Macht. Er ist gern die Nummer Eins und mag sein komfortables Leben.

Beim König der Münzen ist die Wahrscheinlichkeit, dass sie für eine Person im Umfeld des Fragenden steht und nicht für ihn selbst, größer als bei vielen anderen Karten. Der König kann ein Elternteil oder einen anderen älteren Verwandten darstellen, vielleicht auch irgendeine Autoritätsperson. Wichtig ist, dass er keineswegs kalt oder egoistisch wirkt – ganz im Gegenteil. Der König der Münzen gilt im Allgemeinen als großzügig und warmherzig. Er ist mit seinem Leben rundum zufrieden; warum sollte es ihm also etwas ausmachen, anderen Menschen zu helfen? Vor einem Vorstellungsgespräch, oder wenn du jemanden um einen Gefallen bitten möchtest, verheißt der König der Münzen, dass die Chancen gut stehen. Die Person, um die es geht, wird sehr freundlich zu dir sein. (Noch positiver wäre es, wenn die Sechs und das Ass der Münzen hinzukämen.)

Wenn der König der Münzen eindeutig dich selbst darstellt (zum Beispiel in der Position »Selbst« im Keltischen Kreuz), solltest du darin eine Aufforderung sehen, dir ganz genau anzuschauen, was du alles hast, kannst und bist, und sicherzustellen, dass du es auch wertschätzt.

Umgekehrt hat der König der Münzen mehr mit anderen Menschen zu tun. Möglicherweise stellt er seine Wertvorstellungen infrage und denkt darüber nach, ob er materiellen Dingen – den ganzen Klamotten, DVDs und Computerspielen – nicht zu viel Bedeutung beimisst. Es kann auch sein, dass sich der König Sorgen um die Zukunft macht oder in einer aktuellen Situation unsicher ist. Hat sich jemand verrannt oder ist frustriert, dann steht der umgekehrte König der Münzen für die Chance, Bewegung in die Dinge zu bringen und zu gucken, was passiert.

DEUTUNGEN

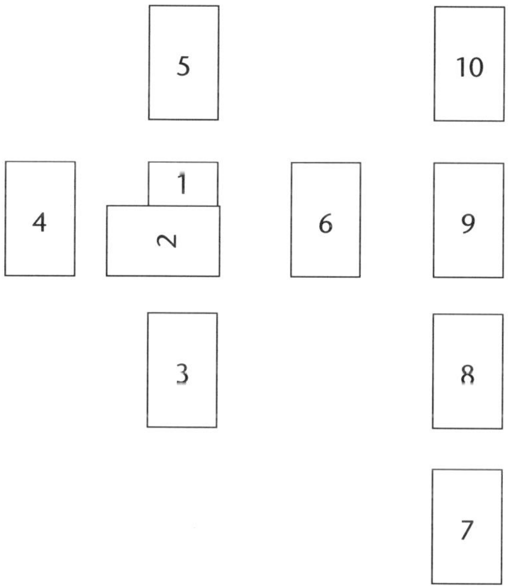

Mischen und geben!« Mit diesem Schlachtruf beginnen alljährlich die berühmten Poker-Weltmeisterschaften in Las Vegas. »Mischen und geben« könnte auch die Parole aller Tarotdeuter sein, denn nach dem ganzen Gespiele, den Büchern und Erklärungen, werden die Karten erst so richtig lebendig, wenn man sie mischt, auslegt, deutet und schaut, was passiert.

Fangen wir also ganz am Anfang an. Wie du am besten mischst, dafür gibt es keine festen Regeln. Manche machen es wie bei normalen Kartenspielen, andere legen alle Karten auf den Tisch, schieben sie wild darauf herum und fassen sie dann wieder neu zusammen. (Diese Methode nenne ich »Matschepampe-Mischen«.) Wie du es auch machst, wichtig ist nur, dass du (beziehungsweise der oder die Fragende) die Karten so gründlich durcheinander bringst, dass nachher tatsächlich eine neue Ordnung entsteht. Falls du auch mit den umgekehrten Bedeutungen arbeiten möchtest, solltest du darauf achten, dass du die Karten so mischst, dass einige auf dem Kopf stehen.

Auch das weitere Vorgehen ist nicht zwingend vorgeschrieben, traditionell geht es aber so: Die Person, die die Karten gemischt hat, legt das Päckchen verdeckt auf den Tisch. Dann bildet sie mit der linken Hand drei Häufchen. Ebenfalls mit der Linken fügt der Deuter die Karten wieder zusammen, nur dass jetzt das untere Häufchen oben liegt und das obere unten. Mit der rechten Hand dreht er die Karten dann um, um sie zu deuten. Die linke Körperhälfte wird traditionell als die intuitivere betrachtet, die rechte gilt als die rationalere. Hier kommen beide Hände zum Einsatz. Mit der linken teilt man den Packen, mit der rechten deckt man die Karten einzeln auf.

Manche Leute halten nach dem Abheben kurz die Hand über die drei Häufchen. Wenn von einem Wärme oder gewisse Schwingungen ausgehen, kommt dieses jetzt nach oben.

Wenn du dich besser konzentrieren möchtest, kannst du auch ein kleines Ritual durchführen. Manche Leute zünden eine Kerze an, schließen die Augen und atmen tief durch, bevor sie anfangen zu mischen, um sicherzustellen, dass ihre Hände von der Energie des Augenblicks geführt werden. Nach dem Mischen schließen sie die Augen dann noch einmal, um sich allem zu öffnen, was kommen mag, und erst danach nehmen sie die erste Karte in Augenschein. Du kannst auch zwei Kerzen anzünden, eine links und eine rechts, um sowohl deine Intuition als auch dein klares Denkvermögen zu aktivieren.

Manche Leute legen Symbole für die vier Farben und die Großen Arkana auf den Tisch, bevor sie mit der Sitzung beginnen. So kannst du etwa ein Stöckchen für die Stäbe benutzen (oder auch einen richtigen Zauberstab aus einem einschlägigen Laden), ein schönes Trinkglas für die Kelche (auf dem Flohmarkt gibt es ganz tolle), ein kleines Messer oder auch eine Feder für die Schwerter und eine goldfarbene Scheibe für die Münzen. Die Großen Arkana lassen sich gut durch einen Kristall verkörpern. Leg die Symbole der Farben auf die vier Ecken der Tischplatte, den Kristall in die Mitte, und schon ist aus einem ganz gewöhnlichen Schreib- beziehungsweise Esstisch (oder dem Wohnzimmerfußboden) ein richtig magisches Tarotzentrum geworden.

Viele legen die Karten auch auf einem schönen großen Seidentuch aus, einem Schal oder dergleichen, in dem sie die Karten auch aufbewahren.

All das ist, wie gesagt, nicht unbedingt erforderlich, es hilft dir aber bei der Fokussierung deiner Energien auf die Karten. Und Spaß macht es auch.

Einfache Legesysteme

Unter einem Legesystem verstehen wir das Muster, in dem wir die Karten auslegen. Du musst aber gar nicht unbedingt eines verwenden. Wenn du das Gefühl hast, über gewisse seherische Fähigkeiten zu verfügen, oder dich für sehr sensibel hältst, kannst du die Karten auch einfach umdrehen und schauen, was dir bei ihrem Anblick in den Sinn kommt.

Die Bedeutung einer Karte variiert entsprechend ihrer Position im Legesystem. Befinden sich zum Beispiel die Liebenden in der Position der Vergangenheit, dann kann das darauf hindeuten, dass du eine gute Beziehung zu jemandem hattest. Vielleicht haben sich deine Gefühle inzwischen aber verändert. Liegt diese Karte dagegen in der Position »nahe Zukunft«, kommt vermutlich bald eine spannende neue Beziehung auf dich zu.

Legesysteme üben auf viele Tarotdeuter eine ungeheure Faszination aus. Solltest du dich einer Internetgruppe anschließen oder auch nur ein paar einschlägige Bücher durchblättern, wirst du feststellen, dass es zahllose verschiedene Legesysteme gibt, manche, die ganz allgemein gehalten sind, viele aber auch für ganz spezielle Fragen. Außerdem gibt es Legesysteme für besondere Anlässe wie Halloween oder Neujahr und welche, die auf bestimmten Büchern beruhen. Wenn du erst einmal ein bisschen mit den Karten herumgespielt hast, wirst du vermutlich Lust bekommen, dir auch selbst ein paar einfallen zu lassen.

Das einfachste Legesystem besteht natürlich aus einer einzigen Karte. (Erinnere dich, manche Leute machen sich so mit dem Tarot vertraut.) Details erfährst du dabei nicht, du kannst aber gut überprüfen, ob und inwiefern die Energie der betreffenden Karte im Laufe des Tages auf irgendeine Weise zum Tragen kommt.

Wenn du dich vor eine Alternative gestellt siehst, kannst du zwei Karten nehmen. Fällt dir zum Beispiel die Entscheidung schwer, ob du zu Hause bleibst und büffelst oder lieber mit ein paar Freunden tanzen gehst, weist du beiden Möglichkeiten jeweils eine Karte zu. Liegt zum Beispiel die Vier der Kelche an der Stelle, die du dem Lernen zugeordnet hast, kannst du dich vermutlich sowieso kaum konzentrieren. Dann ist es vielleicht besser, du gehst gleich aus und amüsierst dich. Tritt an der Stelle des Tanzens jedoch die Drei der Schwerter auf, kann es sein, dass du es am Tag der Prüfung bitter bereust (oder es kommt in dem Club, den ihr besucht, zu einem schlimmen Zwischenfall).

Sitzungen mit ein oder zwei Karten sind natürlich ziemlich einfach. Aber schon mit dreien geht es richtig zur Sache. In den Kursen, die ich gebe, lassen wir uns gern verschiedene Legesysteme mit drei Karten einfallen. Sie scheinen etwas an sich zu haben, was die Fantasie so richtig beflügelt. Ein paar davon möchte ich dir jetzt vorstellen, unter anderem auch mein persönliches Lieblingslegesystem.

Vergangenheit, Gegenwart, Zukunft

Leg die Karten aus: 1, 2, 3. Die Erste steht für ein Ereignis aus der Vergangenheit, das zu deiner aktuellen Situation beigetragen hat. Die Zweite zeigt, was aktuell gerade los ist. Die Dritte hilft dir zu beurteilen, worauf das alles hinausläuft. Das ist natürlich keine hieb- und stichfeste Vorhersage künftiger Ereignisse, immerhin aber eine Skizze der wahrscheinlichen Entwicklung.

Geist, Körper, Seele

Leg auch hierbei wieder drei Karten aus: 1, 2, 3. In diesem Fall zeigt die Erste, was die Person über eine bestimmte Situation denkt. Die Zweite zeigt, was sie tut. Dich als Deuterin interessiert dann vermutlich, ob zwischen den beiden ein Widerspruch besteht. Läge in der Position »Geist« zum Beispiel der Eremit und in der für den Körper die Drei der Kelche, wäre denkbar, dass der Fragende ständig ausgeht, insgeheim aber oft viel lieber allein zu Hause bleiben würde. Die dritte Karte, die Seele, zeigt dann gewissermaßen die Lehre, die man aus dieser Situation ziehen kann.

Alternativen

Diesmal legen wir die erste Karte in die Mitte und die beiden anderen rechts und links daneben. Die mittlere steht für die betreffende Situation beziehungsweise das Problem. Die beiden äußeren Karten repräsentieren die Entscheidungen, die getroffen werden können. Wenn du magst, kannst du darunter eine weitere Dreierreihe auslegen. In diesem Fall zeigt die mittlere Karte, wie sich die Dinge entwickeln, wenn der Fragende alles beim Alten lässt, während die bei den äußeren signalisieren, was bei den beiden Möglichkeiten wahrscheinlich herauskommt.

Du und ein anderer

Diese Methode ist gut geeignet, wenn du eine bestimmte Situation zwischen zwei Menschen besser verstehen möchtest. Dabei kann es um ein Problem gehen, etwa den Streit mit einer Freundin, oder auch um etwas ganz Neues, das verspricht, spannend zu werden, ein erstes Date zum Beispiel. Wird's stressig oder schön? Die Deutung kann helfen herauszufinden, was ihr beiden jeweils tut. Auch hierbei legst du wieder die erste Karte in die Mitte. Sie steht diesmal für die betreffende Situation oder Beziehung. Die zweite Karte, links, gibt einen

Hinweis darauf, welchen Part die fragende Person übernimmt, und die rechte Karte verrät, wie sich der andere verhält.

Tun oder lieber lassen

Das ist mein Lieblingslegesystem. Ich verwende es in der Regel, wenn ich mir nur kurz einen Überblick über den Tag verschaffen will oder schnelle Hilfe bei der Lösung eines Problems brauche. Es stammt von der Kartenlegerin Zoe Matoff. Du legst die erste Karte in die Mitte, die zweite links davon und die dritte rechts. Die mittlere Karte steht für das Thema, um das es dir geht. Wenn ich keine besondere Frage habe, drehe ich sie häufig auch einfach nur um und schaue, was mir die Karten über den Tag verraten. Die zweite Karte sagt mir, was ich lieber vermeiden sollte, die dritte, rechts, was ich tun soll.

Wenn du dich einmal mit entsprechenden Büchern beschäftigst, wirst du vermutlich feststellen, dass es dieses so einfache Legesystem im Grunde ziemlich in sich hat. Die meisten Tarotdeuter schrecken heutzutage vor Empfehlungen, was man tun oder lieber unterlassen sollte, zurück, weil sie fürchten, dass man sonst keine eigenen Entscheidungen mehr trifft. Für mich ist es aber so, als ginge ich zu einer sehr lebensklugen Freundin und würde ihr von meinen Problemen erzählen. Sie gibt mir keine Anweisungen, alles liegt weiterhin ganz bei mir. Ich stelle mir nur vor, dass sie vielleicht sagt: »Na, ich glaube nicht, dass dich das weiterbringt. Bei der anderen Möglichkeit kommt wahrscheinlich eher etwas Vernünftiges heraus.«

Ich hatte einmal Streit mit einer Freundin, die mir sehr nahe steht. Nun bin ich eigentlich ein Mensch, der sofort etwas tun möchte, wenn ein Problem auftritt. Dann will ich am liebsten auf der Stelle ans Telefon rennen, den Betreffenden anrufen und alles klarstellen. Also habe ich mir die Karten gelegt. Na ja, um ehrlich zu sein, gleich mehrmals. (Dazu neigt man, wenn man total durcheinander ist.) Zwei Tage lang ging es bei der »Lieber-lassen«-Karte immer irgendwie um Kommunikation und Aussprache. Die »Tun«-Karte dagegen zeigte Bilder, die sich um Schweigen, stille Friedfertigkeit drehten, Karten wie Die Hohepriesterin oder Der Eremit. Nach zwei Tagen bekam ich einen Anruf von meiner Freundin. Sie hätte jetzt genug Zeit gehabt, sich alles noch einmal in

Ruhe durch den Kopf gehen zu lassen, sagte sie, und unsere Freundschaft bedeute ihr so viel, dass sie sie unter keinen Umständen aufs Spiel setzen wolle. Wäre ich meinem Impuls gefolgt und hätte sofort zum Hörer gegriffen, hätten wir uns wahrscheinlich nur angebrüllt, und das wäre vielleicht das Ende unserer Freundschaft gewesen.

Legesysteme mit mehr als drei Karten

Wenn du dich ein wenig an die Legesysteme mit drei Karten gewöhnt hast, wirst du wahrscheinlich irgendwann auch einmal eines mit mehr Karten ausprobieren wollen. (Natürlich kannst du die Dreierversion auch ganz überspringen und gleich mit den komplexeren Deutungsmustern anfangen.) Sie haben den Vorteil, dass du dabei sehr spezifische Fragen stellen und ein Thema von verschiedenen Seiten aus betrachten kannst. Die Schwierigkeit besteht darin, alles unter einen Hut zu bringen. Du musst zum Beispiel in der Lage sein, eine Verbindung zwischen der Karte für »frühere Erfahrungen« und der für »künftige Möglichkeiten« herzustellen, oder herausfinden können, wie die Karten, die den Einfluss anderer Menschen beleuchten, mit denen zusammenhängen, die das eigene Verhalten betreffen. Genau aus diesen Gründen ist Tarot eher eine Kunst als eine Wissenschaft. Übung spielt natürlich auch eine große Rolle. Wenn du dich jetzt also mit den umfassenderen Deutungssystemen befassen möchtest: nur zu.

Die Tür

In den meisten Tarotsitzungen geht es hauptsächlich um Informationen. Was wird geschehen? Wer wird was tun? Man kann die Karten aber auch nutzen, um sich selbst besser zu verstehen und die Möglichkeiten wahrzunehmen, die einem offen stehen. So dreht sich das folgende Legesystem um Dinge, die uns faszinieren, und Risiken, die wir eingehen. Was wir schließlich tun, müssen wir selbst entscheiden.

Nimm fünf Karten und leg sie nach folgendem Muster aus:

1		2
	3	
4		5

1. WAS INSPIRIERT MICH? Mit dieser Karte kann man herausfinden, was einen erregt, tief berührt und motiviert.

2. WO LIEGT DAS PROBLEM? Diese Karte spricht von Schwierigkeiten, verrät, was einem Angst macht oder im Weg steht. Sie gibt einen Hinweis darauf, was zu bewältigen oder vielleicht auch einfach zu vermeiden ist.

3. WELCHE TÜR ÖFFNET SICH MIR? Diese Karte bezieht sich auf Chancen. Dabei kann es um tatsächliche Möglichkeiten gehen, aber auch um eine neue Art, sich selbst und die Dinge des Lebens zu betrachten.

4. WAS RISKIERE ICH? Manchmal erfordern Veränderungen, dass wir etwas tun, was uns schwer fällt oder Angst macht, beziehungsweise dass wir etwas aufgeben müssen oder eine verborgene Seite zeigen, einen Wunsch äußern. Aber nicht immer. Vielleicht stellt sich auch heraus, dass das Risiko gar nicht so groß ist, wie du gedacht hast.

5. WAS KANN ICH ENTDECKEN? Was wird wohl geschehen, wenn du das Risiko eingehst und durch die Tür trittst? Welche neue Erfahrung, welches neue Selbstgefühl können sich daraus ergeben? Die Antwort ist möglicherweise eine ganz andere als die, die du dir erhofft hast, und so kommst du vielleicht zu dem Ergebnis, dass du doch lieber nicht durch die Tür treten möchtest. Eventuell ergibt sich aber auch eine so aufregende Vision, dass das Risiko im Vergleich dazu eine zu vernachlässigende Größe ist.

Die Tür fürs Schreiben

Wenn du Kurzgeschichten, Drehbücher oder ein Theaterstück schreiben möchtest, so stellt die Tür eine hervorragende Methode dar, um deine Figuren herauszuarbeiten. Denk an die Gestalt, über die du mehr herausfinden möchtest, und misch dabei die Karten. Du wirst überrascht sein, wie viel dir dieses spezielle Legesystem über deine Figur und ihre Geschichte verraten kann.

Das Keltische Kreuz

In zahlreichen verschiedenen Varianten ist dies wohl das berühmteste Legesystem der Welt. Es gibt Antwort auf typische »Zukunfts«fragen, etwa künftige Entwicklungen oder »Ergebnis«, beleuchtet darüber hinaus aber auch mehr psychologische Aspekte wie etwa »Hoffnungen und Ängste«. Und obwohl es wahrscheinlich tausende verschiedener Legesysteme gibt, benutzen manche Tarotleger(innen) selbst nach dreißig Jahren immer noch ausschließlich das Keltische Kreuz.

Man nimmt dafür zehn Karten, von denen die ersten sechs das eigentliche Kreuz bilden. Die anderen vier liegen als »Stütze« rechts untereinander. Wie das aussieht, kannst du dir hier anschauen:

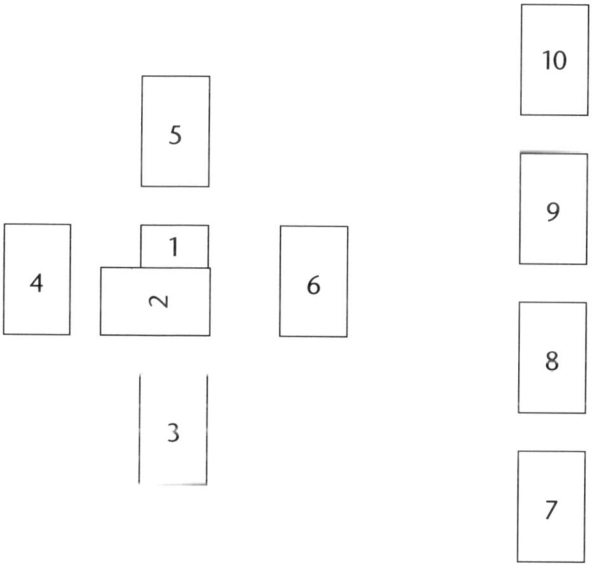

KARTE EINS kommt in die Mitte des Kreuzes. Sie beschreibt ganz allgemein das Thema beziehungsweise die Situation, um die es geht. Diese Karte wird häufig auch als Deckkarte bezeichnet.

KARTE ZWEI wird quer über die erste gelegt. Traditionell sieht man hierin eine »Opposition«, also irgendeine Kraft, die der ersten entgegensteht. Das ist allerdings nicht immer der Fall, denn die beiden können sich durchaus ergänzen. Stell dir die zweite Karte also am besten als einen anderen Aspekt der betreffenden Situation vor. Zusammen bilden die beiden ersten Karten das so genannte Kleine Kreuz.

KARTE DREI wird unterhalb der beiden ersten ausgelegt und charakterisiert die »Grundlage« des Themas. In der Regel zeigt diese Karte eine frühere Erfahrung, die sich auf die Gegenwart auswirkt.

KARTE VIER, links vom Kleinen Kreuz, beleuchtet ebenfalls die Vergangenheit, aber die »jüngere«, etwas, das geschehen ist oder uns im Kopf herumgeht, jedoch schon wieder in den Hintergrund gerät.

KARTE FÜNF wird über das Kleine Kreuz gelegt. Dieser Position werden verschiedene Bedeutungen zugeschrieben. Ich empfinde es als sehr hilfreich, wenn man sie sich als »Möglichkeiten« vorstellt und darin die allgemeine Richtung sieht, in die sich die Dinge entwickeln. Falls sich die Aussage der »Ergebnis«-Karte erheblich von den »Möglichkeiten« unterscheidet, ziehen wir die anderen Karten zurate, um zu sehen, wohin die Energien tendieren.

KARTE SECHS gibt Auskunft über die »nahe Zukunft«. Was geschieht als Nächstes? Bei dieser Karte muss man berücksichtigen, dass sie sich nur auf einen vorübergehenden Zeitraum bezieht. Wenn dich ihr Anblick entsetzt, kannst du dich also damit trösten, dass ihr Einfluss bald vorübergeht. Umgekehrt gilt das natürlich auch. Wenn du dich über eine Karte freust, solltest du die gute Zeit und die guten Energien nutzen, solange es geht.

Die vier Karten auf der rechten Seite, die »Stütze«, werden quasi vom Boden aus gedeutet, also von unten nach oben.

KARTE SIEBEN zeigt das »Selbst« und bezieht sich auf das, was der Fragende zur allgemeinen Situation beigetragen hat.

KARTE ACHT dagegen steht für »Andere«, also für den Einfluss, den Dritte auf die entsprechende Situation ausüben. Sie kann sich auf das Verhalten eines bestimmten Menschen beziehen oder aber auch auf ganze Gruppen.

KARTE NEUN betrifft »Hoffnungen und Ängste«. Diese Karte kann auf unrealistische Erwartungen hindeuten. Wenn sie dir Angst macht, solltest du dir also darüber im Klaren sein, dass sich das Ganze eher in deinem Kopf abspielt als in der Wirklichkeit. Umgekehrt gilt allerdings dasselbe. Wenn die Karte etwas richtig Schönes zeigt, entspricht es wahrscheinlich auch nicht den realen Verhältnissen.

Schließlich kommen wir zu KARTE ZEHN, dem »Ergebnis«. Warum man sich überhaupt mit den ganzen anderen Karten befassen muss, wenn einem diese doch ohnehin verrät, was geschehen wird? Im Grunde handelt es sich bei dieser Karte weniger um eine Vorhersage als vielmehr um das Resultat aller vorherigen Einflüsse. Wir können sie analysieren und versuchen zu erkennen, inwieweit die Grundlage, das Selbst und die jüngere Vergangenheit sowie auch die anderen Karten letztlich alle in dieselbe Richtung weisen. Dir sollte bewusst sein, dass das Ergebnis keine harten Fakten vorhersagt. Es zeigt nur eine allgemeine Tendenz. Wir können die Informationen, die uns die anderen Karten gegeben haben, nutzen, um zu verändern, was uns nicht gefällt, oder um etwas zu bekräftigen, was uns zusagt.

Legesysteme für spezielle Fragen

Die Legesysteme, die ich bisher vorgestellt habe, sind vielseitig anwendbar. Wir können die Karten aber auch hernehmen, um uns mit ganz speziellen Fragen zu befassen, oder auch eigene Legesysteme dazu entwickeln. Hier sind ein paar Beispiele. Sobald du dich etwas mit den Karten angefreundet hast, wirst wahrscheinlich auch du Lust bekommen, dir eigene Legesysteme einfallen zu lassen.

Beziehungen

Häufiger als um irgendetwas sonst geht es beim Tarot um Beziehungsfragen. Wir neigen fast alle dazu, den Kopf zu verlieren, wenn wir jemanden besonders mögen. Und wenn man bedenkt, dass es dabei um zwei Menschen geht (Familie, Freunde, Gruppendruck mal ganz außer Acht gelassen), ist es kein Wunder, dass wir die Karten um Rat fragen.

Was der andere tun wird, sagen sie natürlich nicht voraus. Sie können uns aber dabei helfen herauszufinden, was eigentlich gerade los ist. Insbesondere, was die eigenen Gefühle angeht. Lege die Karten deshalb nach dem folgendem Muster aus:

1 2 3

4 5 6

7 8

9

1. Was empfinde ich für diesen Menschen?
2. Was geht von ihm aus?
3. Was übersehe ich?
4. Was ist zwischen uns möglich?

5. Was steht dem im Wege?
6. Wie kann ich Abhilfe schaffen?
7. Wie wird es wohl sein, wenn tatsächlich eine Beziehung mit diesem Menschen entsteht?
8. Wie werden die anderen Dinge in meinem Leben davon berührt?
9. Was muss ich sonst noch wissen?

Konflikte

Natürlich ist es besonders spannend, die Karten zu legen, wenn es um eine neue Beziehung geht. Am meisten helfen können sie uns jedoch häufig bei Konflikten. Ein spezielles Legemuster gibt es dafür nicht. Du kannst die Karten einfach auslegen, wie es dir richtig erscheint.

1. Worin besteht der Ursprung dieses Konflikts?
2. Was habe ich dazu beigetragen?
3. Was hat der andere dazu beigetragen?
4. Inwiefern werden auch die anderen Bereiche meines Lebens von diesem Konflikt berührt?
5. Was hilft?
6. Was muss ich unbedingt wissen?
7. Was soll ich aktuell tun?

Stress

Die meisten Teenies stehen unter enormem Stress. Die Familie macht Druck, die Schule, man weiß nicht, ob man Abitur machen oder sich eine Lehrstelle suchen soll, man würde sich gern einer Gruppe anschließen, dabei aber nicht die eigenen Interessen verleugnen müssen. Ständig sind Entscheidungen zu treffen: in Bezug auf Sex, Drogen, Schule, Mode und Lifestyle, Freunde und manchmal auch in Bezug auf Gewalt. Im folgenden Legesystem geht es um die Auswirkungen dieser ganzen Zwänge und um die Frage, wie du dir helfen kannst. Lege die Karten nach folgendem Muster aus:

1 2 3

4

5 6 7

1. Welchem Druck bin ich ausgesetzt?
2. Wie sieht meine Situation von außen betrachtet aus?
3. Wie fühlt sie sich an?
4. Wie wirkt sie sich auf mein Handeln aus?
5. Was hilft mir?
6. Was würde die Situation nur noch schlimmer machen?
7. Was kann ich im Moment tun?

Sexualität

Der größte Druck geht wahrscheinlich von der Sexualität aus und von der Frage, ob du mit deinem Freund schlafen sollst oder nicht. Auf der einen Seite sind da diejenigen, die dich für eine Schlampe halten, wenn du es tust, die meinen, du könntest dir eine Krankheit holen, schwanger werden und dir dein ganzes Leben ruinieren. Tust du es andererseits nicht, läufst du Gefahr, dass man dich für prüde und rückständig hält. Anhand des folgenden Legesystems kannst du dich mit all diesen Fragen auseinander setzen. Dazu legst du die Karten folgendermaßen aus:

1

2 3

4 5

6

1. Welche Werte sind mir wichtig?
2. Was gibt mir mein Freund?
3. Welchen Druck üben Außenstehende auf mich aus? (Anmerkung: Wenn du dich hier nach mehr als nur einer Gruppe von Leuten erkundigen willst, kannst du diese Frage ruhig auch mehrmals stellen, einmal etwa für deine Familie und einmal für deine Freunde.)
4. Was empfinde ich für meinen Freund?
5. Wie würde es sich auf die Beziehung auswirken, wenn wir Sex hätten?
6. Inwiefern würde ich mich durch den Sex verändern?

Die Karten helfen dir, dich mit diesen Fragen zu beschäftigen, sagen dir aber nicht, wie du dich verhalten sollst. Wie bei allen Themen gilt auch und gerade in diesem Fall, dass man nie etwas tun sollte, nur weil es so in den Karten liegt. Tarot bringt am meisten, wenn er uns dabei unterstützt, eigene Entscheidungen zu treffen.

Traumdeutung

Diese ganz andere Form des Tarots führt uns von den Fragen des Alltagslebens hin zu den Mysterien unserer Träume. Eigentlich handelt es sich hierbei nicht direkt um ein Legeschema, weil es nicht auf einem System festgelegter Fragen beruht. Stattdessen bestimmt der Traum selbst die Sitzung.

Zunächst musst du ihn schriftlich festhalten. Leute, die häufiger mit ihren Träumen arbeiten, schreiben sie in aller Regel unmittelbar nach dem Aufwachen auf, um nichts davon zu vergessen. Manche legen sich eigens zu diesem Zweck ein kleines Notizbuch und einen Kuli auf den Nachttisch.

Schreib deinen Traum also auf und zergliedere ihn dann in einzelne Episoden. Ein Beispiel: Angenommen, ich träume, ich wäre an Bord eines alten Flugzeuges. Ich habe Angst, dass es auseinander fällt. Genau das geschieht dann auch und ich stürze in die Tiefe. Dann aber stellt sich heraus, dass ich fliegen kann. Dieser Traum besteht aus folgenden vier Teilen:

1. Flug an Bord einer alten Maschine
2. Angst, sie könne auseinander fallen

3. Flugzeug zerbricht, ich falle
4. Ich entdecke, dass ich fliegen kann.

Sowie du deinen Traum zerlegt hast, mischst du wie üblich die Karten und deckst für jeden Teil des Traums eine Karte auf. Mehr musst du nicht tun. Du wirst verblüfft sein. Diese simple Technik hilft dir, deine merkwürdigen Traumerlebnisse zu verstehen. Die Karten enthüllen keine Fakten über den Traum – beim Träumen geht es schließlich nie um Tatsachen –, sie sind vielmehr ein gutes Hilfsmittel zum besseren Verständnis.

Legesystem für den Geburtstag

Beim letzten hier vorgestellten Legesystem geht es um eines unserer Lieblingsthemen, den Geburtstag. Ganz abgesehen von der Feier und den Geschenken beschäftigen wir uns an diesem Tag oft gern mit dem vergangenen Jahr und mit der Frage, was uns das nächste wohl bringen wird. (Dieses Legesystem ist daher auch gut für Neujahr geeignet.) Du legst die Karten nach folgendem Muster aus:

1

2 3

4 5 6

1. Was hatte das vergangene Jahr Besonderes?
2. Welche Geschenke sind mir zugeflogen?
3. Mit welchen Problemen hatte ich es zu tun?
4. Inwiefern hat mich dieses Jahr verändert?
5. Mit welchem besonderen Geschenk wird wohl das kommende Jahr aufwarten?
6. Wie soll ich feiern?

Praktisch für alle Anlässe gibt es ein Legesystem. Je mehr du dich mit dem Tarot beschäftigst, desto mehr neue Möglichkeiten wirst du entdecken. Und noch einmal: Ursprünglich, also vor Hunderten von Jahren, war Tarot ein Spiel. Gehen wir es also mit Spaß und auch etwas spielerisch an. Viel Glück!

LITERATUREMPFEHLUNGEN

Case, Paul Foster, Schlüssel zur ewigen Weisheit des Tarot, Berlin 1992
Connolly, Eileen, Tarot: A New Handbook for the Apprentice, Newcastle 1979
Crowley, Aleister, Das Buch Thoth, Sauerlach 1981
Fairfield, Gail, Choice-Centered Tarot, Newcastle 1985
Gray, Eden, Complete Guide to the Tarot, New York 1971
Greer, Mary K., The Complete Book of Tarot Reversals, St. Paul 2003
Dies., Tarot for Yourself, Newcastle 1994
Dies. und Tom Tadfor Little, Understanding the Tarot Court, St. Paul 2004
Jette, Christine, Tarot for All Seasons, St. Paul 2001
Kaplan, Stuart, Der Tarot, München 1988
Kenner, Corrine, Tall Dark Stranger, St. Paul 2005
Michelsen, Teresa, Developing Your Own Tarot Spreads, St. Paul 2003
Dies., The Practical Art of Tarot Reading, St. Paul 2005
Noble, Vicki, Mythen, Musen und Tarot – Motherpeace, Berlin 1987
Pollack, Rachel, The Complete Illustrated Guide to Tarot, Element 1999
Dies., The Forest of Souls, St. Paul 2002
Dies., Tarot – 78 Stufen der Weisheit, Amsterdam 2004
Dies., Shining Tribe Tarot, St. Paul 2001
Renee, Janina, Tarot for a New Generation, St. Paul 2001
Dies., Tarot: Your Everyday Guide, St. Paul 2000
Ricklef, James, Tarot Tells the Tale, St. Paul 2003
Riley, Jana, Tarot Dictionary and Compendium, New York 1983

ÜBER DIE AUTORIN

Rachel Pollack ist weltweit eine der renommiertesten Tarotexpertinnen. Ihre sachkundigen, modernen Interpretationsansätze haben viele tausende Leser zu einem tieferen Verständnis des Tarot geführt. Als »Tarot Grand Master« lehrt sie seit dreizehn Jahren am Omega Institute, der berühmtesten Schule für Tarot. Neben zwölf Sachbüchern zum Tarot hat Rachel Pollack mehrere Romane verfasst, für die sie u.a. mit dem Arthur C. Clarke Award for Science Fiction und dem World Fantasy Award ausgezeichnet wurde.

Mehr Informationen über die Autorin finden Sie auf ihrer Website:
www.rachelpollack.com